EMIGRANTES III

EL REPATRIADO

ESTEBAN MOLINA VELA

Primera edición: 2022

©Autor: Esteban Molina Vela

©Portada: Esteban Molina vela

©Título: El repatriado

ISBN: 9798815549739
Sello: Independently published

A los más de 2.500.000 de españoles que emigraron de sus lugares de origen a las zonas industrializadas de España y que desde la distancia mantienen vivas sus raíces.

Nicolás tenía previsto su regreso a su tierra natal desde que, con pocos años y escaso futuro, huyó de ella y de una vida menesterosa. Llevaba dos años dándole vueltas a la idea, tras haberse convertido en uno de los más ricos de España. Unos días antes, se lo propuso a su familia catalana: quería decir adiós al sentimiento que como *El Simpatria* y *El Apátrida* lo convertía en *El Repatriado*.

Una trilogía novelesca para regocijo de quienes un día emigramos como él.

Capítulo 1

Un coche se detiene junto a la puerta de entrada de la casa de Nicolás y Damiana, la misma vivienda que se hizo la pareja en el pueblo de Santo Tomé, Jaén. Se abre la puerta del automóvil y sale un hombre de aspecto impecable, pelo canoso pronunciado y rostro de persona vivida. El chofer, entretanto, abre el maletero y saca una y otra maleta, hasta cuatro, más un neceser. Sucede en apenas un minuto y no media ni una palabra entre ambos. El hombre sujeta con fuerza su bastón, enfila la puerta, saca las llaves y dice:

— ¡Por fin! de vuelta en casa—.

Se adentró airoso, casi solemne, abrió la puerta del zaguán con un gesto lleno de parsimonia.

El atardecer del 11 de enero de 2020, a eso de las seis y media, el cielo daba aviso de la bella estampa que solo unos pocos podían ver.

—Por cierto, soy Nicolás, hijo de un enamoramiento exprés, surgido por la llamada draconiana de mi padre a la incorporación *voluntaria* a filas de un bando amigo o enemigo —él no lo sabía— de la guerra civil española. Mi padre murió a los tres meses de partir a la vergonzosa guerra civil, según me contó mi joven madre, el mismo día que me fui huyendo de la vida menesterosa que por aquél entonces teníamos en el pueblo, salí sin un rumbo concreto, y que por circunstancias de la vida o por los caprichos del destino, acabé en Barcelona.

Hoy puedo decir que estoy encantado de tener el valor suficiente para volver a instalarme de nuevo en mi pueblo de nacimiento y de mis orígenes ancestrales. Espero no arrepentirme nunca de haber vuelto.

Vuelvo como un auténtico repatriado. Un retornado que vuelve a casa cansado del conflicto continuado que existe en Cataluña y en especial en Barcelona. Allí, pocos son los que trabajan con ahínco y dedicación y muchos los que viven del desorden y del conflicto permanente. Ante esa tesitura y cansado de sentirme un apátrida en mi propio país, decidí volver a mi rincón del paraíso, a mi tierra añorada de la que nunca debería haber salido.

Acabo de llegar y me encuentro sentado en la terraza y lo primero que percibo es una sensación de vacío, propio del silencio que genera el lugar. Miré al cielo y grité:

—¡Me siento liberado por fin!

El equipaje aún permanecía en las maletas y el sabio Destino quiso obsequiarme con la puesta de sol más espectacular del mundo: cuando el sol reposa en el horizonte sobre las olivas del cerro de las Albahacas, donde se enfrentaron cartagineses y romanos. Una disputa que sumaba entre los dos bandos, más de 70.000 aguerridos soldados. El lugar donde tuvo lugar la más sangrienta contienda de todos los tiempos —La batalla de Baécula— fue un enfrentamiento armado librado en el 208 a. C., entre el ejército de la República cartaginesa, liderado por Asdrúbal Barca, y las legiones de la República romana, a las órdenes de Publio Cornelio Escipión, alias el Africano. Esta es la historia de un lugar que en aquellos tiempos tuvo una importancia estratégica universal.

Ahora seguiré con mi historia:

Vuelvo a repatriarme por estar hastiado de la nueva Cataluña, me sentía acorralado e indignado de lo que está ocurriendo en esa zona de mi país, España. Decidí alejarme de todo y de todos. He vuelto a mi tierra del sur, al lugar del que nunca debí salir. Cambiaré el estigma de El apátrida por El repatriado.

En este instante, sentado en la terraza recibo una sensación extrema de satisfacción, miro con deleite la añorada puesta de sol y me digo:

—Es un privilegio para mí haber podido volver a vivir en mi elegido destino. Donde nadie podrá dudar de mi nacionalidad. Aunque algunos de aquí, ignoren que por las calles y sus alrededores aprendí a vivir. Hoy recuerdo con alegría y tristeza, las palabras que me auto-pronuncié antes de partir:

— ¡Me voy de aquí, no aguanto más! Pero volveré con honores.

Y como me dijo don Eufrasio un día cualquiera de los muchos que él hablaba mientras yo escuchaba con atención:

—Cuando existen las ganas todo es posible.

Llegué a Barcelona con 18 años y he vuelto con 66 años. Desde que me instalé allí, mi vida siempre estuvo vinculada al mundo empresarial en Barcelona, Cataluña y España. Me casé con Damiana, una mujer excepcional en todos los sentidos, con una sensualidad exclusiva. Tuvimos siete hijos: tres niñas y cuatro niños, los he dejado a todos incluyendo a mis siete nietos.

Soy católico y practico los valores esenciales que desde pequeño me enseñó el padre cura don Eufrasio:

—Compromiso, solidaridad, respeto y amor por los demás.

Pese a tener la edad de jubilarme, no es ese el motivo de mi repatriado, simplemente es una apuesta por vivir como pienso, consumiré menos y con este hecho reduciré la huella ecológica doméstica y estaré más cerca de las rutas que me marque la naturaleza, andaré por los caminos que un día abandoné.

Y de lo que no me cabe la menor duda es que mi vida en Cataluña siempre estuvo influenciada por este recóndito lugar del

Paraíso, donde como otros cuantos conciudadanos tuvimos la suerte de nacer.

Dije hasta pronto, a los que se creen mejores que yo por haber nacido en una zona industrializada con todo lo negativo que ese *bien* conlleva y con todo lo *bueno* que el gentío aporta.

Recuperaré el valor de la humanización que como todos sabemos está basado en la dignidad del ser humano.

Yo soy un empresario. Continuaré mi labor en mi tierra, les tenderé la mano a los pequeños emprendedores hasta hacerles sonreír por sus gestiones favorables y por el resultado de sus cuentas.

Como ciudadano que ha vivido en Cataluña, recibo contradicciones a mis principios y valores, y eso me desanima constantemente. Trabajaré desde mi rincón del paraíso para beneficiar a todos por igual: a los de allí y a los de aquí.

En España tenemos grandes ideas, pero no veo la relevancia y la implantación necesaria del líder que el país y el mundo necesita. No cesaré en el empeño hasta ver situada mi provincia en un puesto de cabeza. Ese será mi reto hasta que muera.

Demostraré a los políticos nacionalistas e independentistas, a los acérrimos que se creen principales, a los que incluyo a mis hijos y nietos que:

—Juntos, somos mejores que ellos o que nosotros.

Si algún día llegara a ser político, que lo dudo, lo primero sería solucionar el problema de los empleados públicos; porque es imperdonable la facilidad con la que nombran y contratan los políticos a sus familiares, amigos y simpatizantes del partido en las distintas administraciones. Regalar un puesto de trabajo con dinero público, es algo que a todas sus señorías se les olvida que es malversar el dinero de todos.

El dinero público es de todos, no de ellos. El mejor político es el que domina y gestiona con responsabilidad el dinero de todos los contribuyentes.

Ahora continuaré con mi historia. Despedí a mi familia con unas esperanzadoras palabras:

—Me voy para encontrar una patria donde entremos todos, incluso los que piensa diferente. —¡Ah! Y no es un ataque de melancolía. Es que estoy hasta los *cojones* de sentirme un apátrida en mi propio país. —Grité para mis adentros indignado por lo que acontece en mi patria. Después me fui a dormir.

A la mañana siguiente.

Mi primer amanecer en mi alcoba, y en solitario, fue todo un espectáculo:

—Empecé a sentir la ternura de la *dureza* del pueblo. Entresueños, mis oídos percibieron las primeras notas musicales que las reinas del cielo pronunciaban en su despertar, oír la orquesta que forman los volátiles en su auditorio natural, donde el reino del silencio es alborotado por sonidos de adoración celestial, que nos regalan las aves con sus cacofonías relajantes, era una función incomparable e inexplicable. Este evento natural es como el paisaje: se deja fotografiar, pero para saborearlo hay que mirarlo, observarlo y pisarlo in situ, en este su lugar.

En ese instante desperté, y vino a mi mente una sabia frase más de don Eufrasio:

—Si una mujer no quiere salir contigo, no puedes obligarla. Da un paso atrás y quizás te llame...

Pensaba en Damiana y por ende en mis hijos y nietos.

Un día le dije a mi esposa:

—Damiana, el arte, como cualquier pasión, cuesta dinero. Esa afición tuya por acumular las obras de arte nos está costando demasiado dinero, ¿no crees? —A lo que ella me respondió:

—Mi pasión por el arte en general y el contemporáneo en particular, me llevará a la cima por lo bello y acabaremos teniendo un museo propio que será la envidia de Europa y el mundo y, por ende, el engreimiento de España. Tiempo al tiempo, Nicolás.

Con la mente limpia después de un sueño profundo y relajado, pensé en el futuro:

—Cada vez que inicio un negocio me digo lo mismo:

—Nicolás, eres el mejor, no te dejes embaucar. Eso sí, nunca dejes de empatizar con el oponente, al margen del tamaño de su magnitud. Esa era la razón por la que siempre pensaba:

—Los vendedores son listos, pero yo soy inteligente.

Mis éxitos se reducen a tres palabras:

—Escuchar, trabajar y perseverar en mis objetivos e ilusiones. Ese es mi diferencial y el fruto de mis triunfos.

—Traigo un plan y me ceñiré a él. Haré un fortín empresarial, un muro inexpugnable para todo el que se asome con la intención de especular. Será un escaparate nacional de cómo se acaba con la despoblación rural.

Desde este, mi rincón del Edén, haré algo importante para resarcirme del alto sentido de culpabilidad que percibo por haber huido de mi precariedad en aquellos años de juventud. Pondré algunas premisas:

—Nada de política ni ideas sectarias, me centraré en la creación de riqueza. Pondré a disposición de la causa, una asesoría prestigiosa avalada por los mejores economistas, informáticos y expertos en marketing. Haré de estas tierras abandonadas de la mano de Dios un referente en innovación: invertiré en emprendedores locales, comarcales, provinciales y nacionales e incluso extranjeros que quieran instalarse aquí en estas latitudes.

No cesaré en el empeño de traer empresas limpias y sostenibles, por ser un lugar estratégico e ideal para recuperar el confort natural del ser humano, aquí, junto a la madre naturaleza.

Sacaré todo el provecho de mi experiencia y exprimiré los contactos de mi abultada agenda.

—Como dijo don Eufrasio, el cura:

—*A veces, para cazar una mariposa hay que dejar de perseguirla, solo hay que esperar hasta que se pose en tu mano.*

El vaticinio mental era incesante:

—Los mayores que vivieron y sintieron los daños colaterales de una guerra civil; creen que volveremos a las alpargatas remendadas como al principio de sus tiempos.

El precio por la intentona independentista será muy alto. Los que pagarán siempre serán los mismo, los ciudadanos de alpargatas.

En Cataluña se ven más sombras que luces, por obra y arte de unos avariciosos e irresponsables políticos. Se pongan como se pongan, eso, es así.

Pero bueno, ahí va mi reflexión del primer capítulo:

—Aunque la distancia era larga, mi pueblo *siempre lo tuve cerca.*

Capítulo 2

No había pasado ni una semana cuando empecé a notar los síntomas positivos de mi desenamoramiento. Atrás se quedaron los conflictos cotidianos que me irritaban más de lo habitual. El deseo de continuar allí se había esfumado. Me auto consideraba como un apátrida en aquella lejana región. Atrás dejé sus falsos halagos y convenidos detalles hospitalarios hacia mi persona. Los auténticos cariños de amistad, los que salen del alma brillaban por su ausencia. Había perdido la alegría del embelesado por lo bello. Ya no me sentía cómodo, ni a gusto en Barcelona. Ambos, la ciudad y yo, notamos que habíamos perdido el interés por seguir unidos. En el largo recorrido vivido entre sus calles y edificios, cambié la expresión de cariño y admiración por aburrimiento, hastío e indiferencia.

El pobre de don Eufrasio me decía y con razón:

—*Nunca estés donde no quieran que estés*—.

Por esas sabias palabras de don Eufrasio y por otras muchas oídas a los independentistas acérrimos, llegó mi desenamoramiento a la ciudad y a la región.

—Aquí tiene don Nicolás, su café de las seis y una torta de manteca con chicharrones recién sacada del horno de leña de la esquina, y como de costumbre, otra taza para la visita imprevista —comentó la joven Eloísa que me atendía y ayudaba con los menesteres de la casa desde el primer día que me instalé en el pueblo.

—La presencia de la joven Eloísa se encargaba de recordarme las diferencias que existían entre un hombre y una mujer. Ella exhibía con orgullo un insinuante canalillo, sabedora que sus pechos atléticos me daban algún que otro quebradero de cabeza, sin ser un fisgón descarado: —miro sin ver—. El instinto masculino actúa queriendo o sin querer.

—No obstante, y pese a su *plus* femenino, un día, mientras hablaba por su móvil —con manos libres— la oí decir a una amiga suya:

—Ojalá fuese plana. A lo que su amiga le preguntó:

—Pero ¿por qué dices eso mujer?

—No sabría explicarlo, simplemente me hubiera gustado pasar más desapercibida por la vida.

Su amiga que también presumía de pechos pronunciados le comentó:

—No exasperes mujer, a ti y a mí nos ha tocado, somos bastantes las que sufrimos en silencio el indicio de... "ojalá fuese plana".

La joven Eloísa que se encontraba en el aseo, mientras hablaba con su amiga por teléfono, confesó:

—Lo bueno de todo esto, es que a mi jefe don Nicolás, le gusta mirar mi generoso escote. ¡Hay! Qué pena que sea tan mayor. Con lo atractivo que es aún.

—¡O tú tan joven! Mira esta —añadió la amiga alcahueta mientras rezaba un rosario por lo bajini.

A la semana justa de haberme instalado en mi pueblo, sonaron cuatro golpes fuertes con nudillos curtidos por el trabajo duro de la albañilería. Alguien aporreaba la puerta con firmeza.

Era mi primo Norberto que, al enterarse de mi *repatriación* voluntaria, hizo lo propio y se presentó sin más en mi casa. Él, como yo, tenía su propia casa en el pueblo y allí puso el campamento, lo primero que hizo fue ir a verme.

—Abre rápido Eloísa, alguien tiene prisa por hablar con nosotros —le comenté a la joven y hermosa doncella, invitándola a que dejara aparcados sus quehaceres domésticos.

Al abrir la puerta gritó el bueno de Norberto:

—¿¡Dónde está ese enamorado de su pueblo!?

—Está arriba en la terraza, contemplando la puesta de sol, mientras saborea su café como todas las tardes a esta misma hora —comentó un tanto asustada la joven. Después se preguntó:

—Para este señor será la taza que pongo de más todos los días.

Nicolás y Norberto eran de la misma edad, compartieron niñez, juventud y trabajos en el campo y en la obra; los dos lucían frentes despejadas, el poco pelo que les quedaba a ambos, era blanco con alguna mecha de gris intercalada. Al verse los dos primos en Santo Tomé, su pueblo de cuna, se abrazaron de manera impetuosa, desbordantes de alegría por volverse a ver en su pueblo natal, lejos de los que nunca le mostraron ni afecto, ni cariño, es decir: nunca los quisieron. —Eran Charnegos—.

Pero los primos estaban tan unidos que parecían hermanos, aunque de madre y padre diferentes.

Norberto le comentó tras los halagos de fraternidad de dos familiares que eran más amigos que primos:

—Huimos para construirnos una vida mejor sin pensar en el futuro de nuestros hijos. Pero eso ahora no importa, no hay marcha atrás. ¡Qué bien te veo, primo! Posteriormente aseveró:

—Eres más duro que unos zapatos viejos— y afirmó: estás estupendamente.

—Contigo no tengo secretos, el éxito de mi juventud radica en mi voluntaria obligación de divertirme en el dormitorio, y en la ingesta del AOVE de la cooperativa, esos son el secreto de mi prolongada lozanía —le repliqué a Norberto alardeando de una actitud de vida que siempre pensé mantener y que por las circunstancias actuales en estos momentos han disminuido.

— ¡Ah! Otra cosa, veo que tienes el mismo pelo que yo, ninguno, lo que explicaría que los viejos y los calvos siempre tenemos frío, aunque nuestros cuerpos estén calientes.

—Pero dime, ¿cómo es que estás en el pueblo? —le pregunté.

Él me miró seriamente y dijo:

—Somos hijos de la tierra y, el campo es nuestro hogar, ¿qué pintábamos nosotros en aquel lugar? Y continuó pero matizando los motivos.

—Tenía más motivos para volver que para quedarme. Amo a esta tierra nuestra tanto o más que tú, al enterarme de casualidad de tu fuga, hice exactamente igual que tú, Nicolás.

—Hablé con mis hijos y nietos, y la verdad, no pusieron excesivas pegas a mi repatriado. Y la cuestión es que, aquí estoy, dispuesto a compartir el tiempo contigo.

—Que grande eres Norberto. Es verdad, nos sentimos muy ligados a nuestro pueblo. Nosotros, como todos los que huimos de una vida menesterosa nunca dejamos las emociones y recuerdos de niño: los cultivos, los animales, los pájaros y el sabor de tierra limpia, y nuestros compatriotas. Estas sensaciones de pueblerinos nunca las tendrán los urbanitas que se creen superiores a nosotros por haber nacido en un lugar súper poblado.

Como decía don Eufrasio, mi mentor cultural:

—*Cada día... nuestro tiempo vale más.*

—Lo pillo. Estoy ahora mismo con el mismo espíritu de mis años infantiles y de juventud. Cuenta conmigo para lo que quieras —comentó el recién llegado un tanto eufórico.

—Ahora acomódate, disfruta de la merienda y hazte a la idea que en esta terraza contemplaremos las puestas de sol hasta que seamos dos seres decrépitos. Y continué diciéndole:

—Primo, sabes que con tu acto de valor acabas de cambiar tu destino.

—Lo sé, es mi decisión. Mi destino estaba escrito con letras de aquí. No de allí. Y continuó diciendo:

—Nuestra generación nació en la guerra civil y se crio en la posguerra. Todos nosotros valoramos por este orden: un plato de comida, una casa propia y un trabajo fijo. Todos pensábamos lo mismo ya fueran rojos, blancos o azules.

—Así es, tienes toda la razón.

A continuación, me puse un tanto melancólico y le refresqué la memoria haciéndole retroceder más de seis décadas:

—Recuerdo a este pueblo lleno de vida, hoy, ese pueblo no existe. Paseo por sus calles como si de un fantasma se tratara, en estas calles y plazas, solo hay recuerdos de juventud. Ya no ves a nadie conocido por más que tú pasees e intentes tirar de memoria. Estoy aquí para evitar esto, para reconstruir lo que entre todos, un día destruimos.

Nosotros, que hemos vivido la época de los carros tirados por mulas y caballos, los mismos que vivimos a la última en tecnología. Pues bien, llegado a este punto utilizaremos ese conocimiento vivido para ayudar a los jóvenes a despegar económicamente sin que tengan la necesidad de moverse de aquí. Esa ilusión no nos la arrebatará nadie.

Somos dos hijos pródigos que valoramos:

—La familia, los amigos y la tierra por entender que no hay nada mejor.

—La vida ha cambiado mucho primo, en aquella época, cuando emigramos del pueblo, desaparecimos porque caímos rendidos de cansancio por un humilde jornal. Estábamos sometidos a jornadas de trabajo muy largas y duras. Huimos del trabajo inhumano del campo y de la obra. Era lo que había.

—Es cierto, ahora el trabajo ha evolucionado, gracias a Dios.

—Hoy se trabaja en el campo y en la obra con unas herramientas que ayudan y protegen al agricultor y al albañil. Más seguridad en el trabajo. Sueldos decentes y jornadas más cortas —comentó enaltecido el bueno de Norberto.

—La época aquella, cuando los trabajadores no tenían ningún tipo de derecho, ha pasado. Gracias a Dios —le respondí. Y continué con una opinión personal:

—El concepto, trabajo y trabajador, han evolucionado tanto que las organizaciones son planas, con apenas mandos, basadas en el trabajo en equipo; los horarios son flexibles, se ofrecen planes de formación y acogida personalizados, la propuesta de valor al empleado pone el foco en la oportunidad que tienen los colaboradores de desarrollarse como personas y profesionales en la empresa.

— ¿Lo ves así? ¿Crees que hoy, las políticas empresariales valoran más a la persona? — Preguntó un tanto encumbrado y alterado Norberto. Él, no entendía que actualmente se valoraran más a los trabajadores que antes.

Yo le repliqué diciéndole:

—Es evidente que al trabajador se le valora más. Pero dejemos ese tema. Volvamos a la política.

Allí, en Cataluña te etiquetan de manera tradicional: de izquierda o derecha, nacionalista o español. Aquí sin embargo, te siguen etiquetando igual, pero solo con la izquierda o la derecha.

— Antaño, la vida en el pueblo era más estrecha, por eso voy a muerte contigo Nicolás. No sé cómo ayudar, pero cuenta conmigo —respondió Norberto.

—Si tienes voluntad y ganas, puedes hacer lo que sea. ¡Ah! Y recuerda otro dicho de don Eufrasio el cura:

—*Sin valor no hay gloria.*

El amor por nuestra tierra nos alimenta, pero también nos mata —pensé yo para mis adentros. Después le dije al bueno de Norberto:

— Somos gente de alma fuerte, escorados al trabajo y al sacrificio por los demás. Por esa misma razón, de no tener en mente la esperanza de mi *repatriación,* no hubiera podido vivir entre esas gentes de cortas miras. La pena de todo esto, es que mis siete hijos y mis nietos, piensan igual que los urbanitas. Son más de ciudad que una farola. Pero sé que la culpa no es de ellos. Si hay que culpar a alguien, que nos culpen a nosotros por haber emigrado hasta Barcelona sin pensar en nuestros descendientes. Ellos están en su tierra natal y por esa razón se siente más catalanes que andaluces e incluso que españoles, fíjate lo que te digo. Fueron amamantados por las ubres del nacionalismo acérrimo.

—Es verdad. Visto así, no hay que reprocharles nada. Ellos no tienen la culpa de considerarse más catalanes que andaluces, pues nacieron en Cataluña y esa es su tierra. Los *culpables* de su nacionalismo es solo y exclusivamente nuestro por haber huido hasta allí. Y continuó diciendo:

—Yo sabía lo que quería desde el principio; acabar mi vida aquí. Me vine huyendo de la holgazanería y de la flojedad de la gente. Muchos buscan la paguita para no dar golpe. Huí de Cataluña en plena gloria, sin desgaste. Me siento bien por ello —comentó Norberto sabedor del esfuerzo que suponía su decisión al dejarse a toda su familia en Barcelona.

—El que no sabe lo que quiere no puede ser feliz primo. Nosotros sabíamos lo que queríamos antes de partir. Conocíamos con exactitud la peculiar vida de una zona rural. Nuestro error fue formar una familia en un sitio hostil. En Cataluña, urge erradicar los brotes de odio que pretenden destruir la convivencia nacional y catalana.

La inquietud profunda del corazón vino provocada por el anhelo desde siempre, el amor por este rincón del paraíso, y por el deseo de esperar la muerte aquí y en silencio. Como dijo don Eufrasio:

—*Todo forma parte del misterio de la identidad personal y del milagro de la creación.*

—Volveré a Barcelona solo si soy capaz de revertir el desenamoramiento y, esto no suele ocurrir sin aviso previo.

Norberto se quedó embelesado por lo escuchado. Reaccionó con una pregunta que cambió el curso de la conversación:

—Hay mujeres con las que tendríamos motivos para derretirnos y, tu mujer, Damiana es una de ellas. ¿Ya no estás enamorado de tu mujer?

Ante aquella pregunta tan directa le respondí:

—Las relaciones, para que sean duraderas, deben cuidarse siempre. Y, porque no, premiarse con un gesto o una flor, en mi caso era una rosa. Ese es el motivo para devolverle a la pareja todo el amor que recibe de él o de ella. Para que la pareja siga funcionando como en el noviazgo, a la mujer hay que enamorarla cada día. Y continué:

—Yo siempre quise que el amor por Damiana durara toda la vida. Eso no está en cuestión. Pero hay una serie de factores que hacen bajar el listón del enamoramiento continuado y eterno, tales como la pasión y el deseo.

Mira primo:

—Dios hizo a Damiana para ser glorificada por los hombres, ella camina orgullosa por su propio sendero. Da poder a quienes la galantean y sonrisas a quienes la desean. Lo que ocurre es que, a pesar de su traición, ella, jamás rechazó a su amante. Por eso, entre otras razones me repatrié. Aun así, cuando llegue mi momento óbito, unos segundos antes, quisiera morir recordándola y añorándola a ella *¡En fin, Serafín!* dejemos que la vida siga su camino.

—Cuando me vine hice una plegaria para que mi amor por ella no cesara nunca.

Ahora te diré otra reflexión de don Eufrasio:

—*El hombre como las nubes, no son de ninguna parte.*

Norberto continuaba abstraído. Yo, continué con mis explicaciones o con mis justificaciones para con mi querida y amada Damiana:

—Hemos vivido juntos y nos hemos amado en cientos de miles de ocasiones. Siempre fuimos transparentes y sutiles con nuestras emociones. Ella es una mujer de cuerpo diez, de caderas imperecederas, de pechos atléticos y cabellos pelirrojos. En los brazos de Damiana he viajado a muchos mundos e incluso descendí a los infiernos. Siempre supe que ella y su piel de porcelana fina, junto a su mirada franca y sus palabras ligeras, había nacido para ser amada por mí. Una mujer que me obligaba a mirarla constantemente por si el viento la deshacía o evaporaba su luz.

—Estar con Damiana ha justificado mi vida. Ya puedo morir tranquilo. Lo que ocurre es que ya no tenemos proyectos comunes como antes. Nuestra comunicación, con el tiempo, se ha empobrecido. La intolerancia hacia el comportamiento de la familia ya nada es igual. Apareció en nuestras respectivas vidas la fantasía de la infidelidad. Y esos detalles de vida cotidiana mermaron de forma considerable el apetito sexual entre nosotros. Es un proceso muy complejo que aparece a una edad avanzada y que todos debemos de asumir. Es cuestión de tiempo. ¡Ah! Otra cosa que me hizo desistir de su compañía:

—Damiana se convirtió en una *voraz farisea, pues no posee más moral que la codicia.* Aun así, si tuviera que definirla diría:

—Ella es la esencia de mujer personificada. Damiana es única y todo lo que hace, engrandece más aun su vida. Jamás vi tristeza en sus ojos, ni su voz apagada, sino todo lo contrario, sus ojos brillaban siempre y su voz es alegre a perpetuidad. Esas cualidades innatas vencieron al dinero desde el principio. Yo mejor que nadie sabía que venía de una familia pobre como yo, mi suerte fue ver y descubrir todas sus cualidades. El dinero lo consiguió merecidamente después.

Persistí en mis comentarios explicativos a mi primo y decidí cortar el comentario:

—No le des más vueltas, siéntate, mira con atención al Cerro de las Albahacas y disfruta del gozo saludable de no hacer nada. Es un lujo que nos hemos ganado a pulso y nos podemos permitir, disfrutemos de este jugoso placer.

A continuación le dije una frase de don Eufrasio:

—*Frena un momento: porque no hacer nada es el secreto de la creatividad.*

Después grité:

—¡Cataluña fue la gran beneficiaria del franquismo y la mimada de la democracia!

La duda de los políticos por Cataluña y la pregunta del millón:

—¿Qué pretenden estos impresentables?:

—La independencia o una estrategia para conseguirla. O es una fórmula mágica para que el gobierno de la nación siga cediendo en sus aspiraciones económicas.

Norberto se quedó *pillao* cuando dije que eran unos impresentables. Unos segundos después se manifestó:

—Son gentes de miras cortas. No saben hacer política, ni los nacionales ni los regionales. Pero llamar así a tus propios hijos, no me parece bien. Menos mal que hemos vuelto al rincón del Paraíso más espectacular de España donde seremos felices mientras que el cuerpo nos lo permita.

—El tiempo se paró, pero rápidamente reaccioné y seguidamente comenté algo que me vino a la mente y que nada tenía que ver con lo expuesto con anterioridad:

—Es más, te diré que en algún momento alguien investigará los contratos *a dedo* del gobierno catalán para favorecer a sus amiguetes entre los que me encontraba gracias a mi amigo Jordi.

—Lógicamente, algún día lo pagarán los cargos asignados *a dedo* por los mandatarios de turno. Y continué diciéndole:

—La gente enloquece por llegar a ser ricos, pero lo que no saben, es que la gente más rica, suelen ser los más mezquinos.

Somos emigrantes, no ignorantes. Pero lo que nunca decimos y si por alguna razón lo hacemos, es para nuestros adentros:

Los emigrantes ocultábamos en nuestro interior nuestro particular drama social:

—*La añoranza por nuestro lugar de cuna.*

A continuación se escuchó un silencio perturbador.

Unos segundos después: dejé de mirar a Norberto y dirigí la mirada al atardecer del cerro y le dije una frase de *William Ernest Henley* que don Eufrasio el cura me decía con frecuencia:

—*El corazón tiene razones que la razón desconoce*—.

—Oye, tú siempre andas hablando de don Eufrasio el cura. ¿Por qué? —Preguntó Norberto.

—Primo, te diré una cosa que tú no sabes de mí:

—Yo siempre quise ser ordenado sacerdote pero mi debilidad por la carne femenina me lo impidió.

—Eso lo explica todo. El puzle de la vida encaja —comentó Norberto.

Y para terminar esta conversación te diré la respuesta de don Eufrasio cuando le comenté mi debilidad por las féminas:

—*Solo Dios puede seleccionar a los elegidos.*

—¡Ah! Que no se te olvide que soy ese tipo de persona rica que llegó hasta aquí con una maleta llena de dinero, y que el primer PROYECTO será rimbombante y gratuito para el pueblo. Será una tirolina desde el campamento base de los cartagineses situado en el Cerro de las Albahacas, hasta la otra orilla del Guadalquivir para conmemorar la gran batalla de Baécula.

La tirolina Escipión, que así se llamará, batirá el record de velocidad mundial en su máxima celeridad.

— ¿Y si te arrepientes después de haber invertido todo ese dinero?

—Eso es tan improbable como que llueva hacia arriba —le dije a mi primo Norberto mientras le señalaba con el dedo pulgar.

—Pongamos a la gente en la encrucijada. Si seguir viviendo en el infierno como hasta ahora o volver a instalarse en el pueblo, junto a la naturaleza antes de echar raíces. Con esa pregunta repatriaremos a muchos de los jóvenes emigrados.

—Yo te ayudaré en lo que pueda. No te preocupes.

Capítulo 3

Eran las últimas puestas de sol del gélido mes de febrero. Como cada día desde que nos afincamos en el pueblo, me acompaña en mi deleite personal mi primo Norberto.

Ese día, llegó a casa más tarde de lo esperado. Y tal vez por esa cuestión le comenté:

—Te imaginas si estuviéramos ahora mismo en este mismo lugar y con toda nuestra experiencia, acompañados de nuestras respectivas mujeres y con cincuenta o sesenta años menos.

—Mi mente no puede retroceder tanto tiempo atrás —respondió Norberto.

—Yo sí que puedo. Justo antes de que llegaras, me vino a la mente:

—Sería maravilloso bailar un tango con el sol deslumbrando el prelucido momento.

—No sé a qué te refieres, primo.

—He dicho bailando un tango porque como sabes, con el fascinante baile se desenfrenan los deseos impetuosos de hacer el amor.

—Un amante anónimo de la vieja guardia, dijo sin pudor:

—El tango es la única forma de hacer el amor vestido.

Debo confesarte que desde muy joven me gustó bailar, creía y creo que tengo habilidades naturales para el baile en general y para el tango en especial. Es asombroso ese deleitoso baile.

—Ahora qué lo dices, recuerdo con añoranza bailona una canción de letra inolvidable que hablaba de la luna. No recuerdo nada más. Aunque sí recuerdo vagamente cuando la plaza era un hervidero. En torno a la pista de baile se agolpaba una multitud de gentes de todas las edades. Unos por una razón y otros por otra muy distinta —explicó Norberto con la mirada cargada de melancolía.

—Yo sí que la recuerdo. La cantaban más de veinte veces por noche —la orquesta *Los Solas*— eran de Villacarrillo y venían todos los años a la feria del pueblo. Se contrataban de un año para otro. La canción se bailaba afianzados y se llamaba —*Los Aretes de la Luna*— Su voz inconfundible se me quedó grabada en un recóndito lugar del cerebro. El estribillo de la canción decía así:

> *Los aretes que le faltan a la Luna*
> *Los tengo guardados en el fondo del mar.*

—Gracias por haberme hecho despolvar los recuerdos de la canción que por antonomasia de adolescencia me traslada a nuestra época de incipiente juventud:

—Los Aretes de la Luna—.

Mis primeros bailes se remontan a las verbenas de la feria, que por entonces se celebraban del 23 al 27 de septiembre, creo que es lo único que no ha cambiado desde entonces, los días de la feria en honor a la patrona la Virgen de los Remedios. Cuando los vocalistas cantaban a capela y las guitarras eran flamencas. Cierro los ojos y parece que estoy viendo en la plaza a la orquesta Los Solas, encima del tablao, cantando, como no: Los Aretes de La Luna.

—Veo a las madres de las muchachillas y mozalbetes, como iban a espiar a las hijas e hijos. Tenían que ver con sus propios ojos para poder reprimir si se acercaban demasiado a su acompañante y sobre todo, con quienes bailaban. Tenían que ser del agrado de los padres o no había baile al día siguiente. Eran tiempos de rigor patriarcal con un plus del matriarcal.

—Que pedazo de memoria tienes Nicolás. Pues si me lo permites, vamos a orillar el tema del pasado y centrémonos en el presente. Tenía ganas de comentártelo estos días atrás.

—Venga, habla que me tienes en ascuas.

—Está bien, te contaré lo que me inquieta:

—Llevaba muchos años esperando mi retiro para mirar al techo y resulta que ahora que lo he conseguido me da alergia la jubilación —glosó Norberto con cara de desasosiego.

—No te entiendo —le respondí preocupado.

—No me extraña, no lo entiendo ni yo.

—Tú lo que tienes es añoranza de tu mujer, de dormir calentito pegado a ella y si una cosa lleva a la otra pues eso, que siga el baile. Acababa de decirle a Norberto lo que pensaba y me vino un rayo de inspiración. Inmediatamente le glosé:

—Las pasiones carnales, no son solo del populacho. Te diré que la realeza, según cuenta la historia, ha sido tremenda en ese aspecto y también la de los más poderosos. Lo peor de todo es que el ciudadano vivía y sentía las consecuencias amorosas de los mandamases de forma directa: cuando los éxitos carnales eran fructíferos y satisfactorios, el pueblo sonreía y cuando eran rechazados por sus amantes, el pueblo lo padecía.

Cuando los vigorosos dueños del mundo se dejan llevar por el sexo, estos lo llevan a extremos que ni tú, ni yo, nos podemos imaginar.

—Pues a qué esperamos para enviarles unos litros de aceite de lo Cooperativa para que se estimulen y mejoren sus momentos íntimos —expuso el bienhechor de Norberto.

—Mira primo, desde mi llegada a Barcelona supe que no debía perder mis raíces. Soy de esos que piensan que nadie regala nada a nadie.

—Cada año que volvía en agosto y a la feria, eran días de reencuentro y gozo. Lo pienso y se me ponen los bellos de punta.

Norberto que de nostalgia sabía lo suyo, se quedó pensativo y apuntó:

—Eran pensamientos e inquietudes de zagales ejemplares, arraigados a su pasado de niñez y juventud, como tú y como yo.

Fijé la mirada en su entrecejo para no verle la cara, y le dije:

—Miles de ciudadanos huimos forzados por los mandatarios, y la consecuencia de aquellas atropelladas decisiones fomentaron, queriendo o sin querer, la despoblación. Hoy, cincuenta años después hablamos del apocalipsis rural.

—Salimos en busca de un lugar en la vida. Éramos gente del campo, jóvenes que emigramos buscando un sueño de juventud, ojo, sin haberlo pensado e incluso ni soñado.

—Sí, tienes razón Norberto, pero actualmente en Cataluña hablan los que menos saben: los charlatanes, y callan los que sí saben: los intelectuales. Pero mira por donde, las vueltas que da la vida.

—Hoy puedo decir que soy uno más de los que salimos pobres de nuestra tierra rica, y que por los avatares de la vida me convertí en un emigrante con suerte, el mismo que se le reconoció como EL SIMPATRIA, para después sentirme como un apátrida y que a las postrimerías de mi vida me repatrié voluntariamente en mi pueblo: Santo Tomé (Jaén) un rincón del Paraíso Interior aún por descubrir por la humanidad. —Lugar donde nunca debí salir—.

—Regresé como tú, Norberto, por la añoranza que rendimos a estos lares. Ahora que estamos instalados y satisfechos por lo hecho te diré mis dos preferentes peculiaridades:

—Estoy a punto de entrar en la década de los setenta, estoy vivo y cuando llegue mi momento óbito, quiero que mis cenizas se esparzan por los olivos del Cerro de las Albahacas, como buen *baeculano* que soy. Descendiente de romanos, los que ganaron la gran batalla, naturalmente.

—La otra es que, además, estoy muy lúcido y dispuesto a prolongar mi vida hasta los 150 años porque estoy convencido de que si vivo aquí será relativamente fácil alcanzar mi sueño.

Paré unos segundos y enseguida le comenté:

—En un recóndito lugar de mi mente, existe un hueco que alberga en secreto, antipatía a Cataluña, mientras que el empresario que habita en el resto de mi mente, negocia con satisfacción y afecto con sus dirigentes políticos y con empresarios y en público si es menester. Pero escucha con atención mis vaticinios:

—En Cataluña, el caos ruge sin piedad y fruto de esa disparidad se avecina una catástrofe no cuantificable. Espero que no nos salpique demasiado al resto de ciudadanos, catalanes y españoles.

—¿Pero tan mal ves la situación?

—Peor, primo, peor. Los nacionalistas tienen una lista de enemigos que no los olvidarán nunca —ningún nombre escrito en ella será bien recibido en ninguna consejería de la administración catalana, al contrario, será repudiado sin el menor recato. Ese es su *modus operandi* —le dije a Norberto un tanto pesimista e indignado, y continué diciéndole:

—Verás, los dirigentes políticos actuales incumplen continuamente las leyes sin importarles lo más mínimo, sabedores de que no les ocurrirá nada. Necesitan abusar de sus autoritarios decretazos para contentar a sus paniaguados y sumisos votantes.

Los partidos políticos utilizan la prensa como armas de apoyo a sus intereses.

—Pero... ¿los periodistas se dejan ningunear? —preguntó Norberto un tanto alarmado.

—Naturalmente. El que paga manda. Y no es discutible. Es así de fácil, son humanos antes que periodistas.

—Eso explicaría por qué hay tanto interés en ser político. Y sobre todo por qué nadie habla del régimen territorial establecido —insistió el bueno de Norberto.

—Pero primo, cómo van a tocar el régimen territorial si de él viven cientos y miles, e incluso millones de funcionarios y autoridades repartidos entre: municipios, provincias, comunidades autonómicas. Todas estas entidades gozan de autonomía para la gestión de sus respectivos intereses.

En general, por no decir en su totalidad, son políticos de bajo brillo. Olvidan que la política debe ser presidida por la cordialidad y el diálogo. Sin olvidar que cada uno debe defender los intereses de sus votantes.

—Nosotros, los emigrantes en general, éramos y somos ciudadanos sin identidad política, no pertenecemos a ningún extremo; sin embargo, yo, como empresario a todos lados iba y a todos trataba por igual.

Entre toda esta aborigen de conflictos internos confío en la capacidad de nuestra gente y en su poder de adaptación a los nuevos tiempos que se avecinan. Muchos catalanes y españoles en su totalidad, anhelamos la unidad territorial. Juntos, trabajando al unísono, todos seremos más fuertes.

Debemos recuperar el arma más sofisticada de la mente humana, el cerebro, encontremos las mentes privilegiadas de este país, intelectuales que viven o parecen vivir al margen de lo que está aconteciendo. Ellos, y no los políticos, serán capaces de expandir una alfombra multicolor para que todos la podamos pisar sin complejos, ni rencillas.

Utilizaré mi arma más sofisticada —el diálogo— acabaré con los pensionados vitalicios, nadie comprende la felicidad del agraciado cuando ve asegurada su vida para siempre.

Mira al personaje y fija tu atisbo en el rostro del afortunado, verás la satisfacción que brota de su rostro. Su resplandor te dice para que tú no lo detectes, que eres un perfecto idiota por creerte todos las "verdades" que tiene.

No existe ningún político de rango medio alto que al jurar el cargo no fije su mirada exultante con una incontenible sonrisa a todo lo que traerá en el tiempo que tarde en desempeñar su cargo.

Ellos están entrenados para oír lo que les digas: bueno y malo. Por esa razón te pido que no le digas nada, ni siquiera el insulto les hace temblar lo más mínimo. Ellos son personas nacidas para gobernar, no hay más.

Es igual lo que concedan los gobiernos centrales a los nacionalistas, ellos nunca están conformes.

—Entonces, ¿no hay solución? —preguntó Norberto un tanto entristecido. A lo que yo le contesté sin reparo:

—El sueño obseso del nacionalismo produce monstruos callejeros con el mismo objetivo que los otros —gobernar sin obstáculos—. Y por ellos, España debe ser centrifugada, lavada y vuelta a centrifugarla para no dejar ni rastro de suciedad.

De repente, el sonido que salió del campanario nos enmudeció. Al oírlo nos quedamos paralizados.

En el pueblo había dos sonidos que marcaron mi vida desde pequeño, por su controversia, uno y otro con diferente cariz:

Uno, cuando las campanas tocaban a muerto. Era el aviso triste, de un vecino fallecido.

Dos, los gritos de mujer parturienta, en su momento más álgido de las contracciones, era el preludio de una nueva vida, de un nuevo ser.

Acabaré este reconfortante capítulo con otra de las sabias frases de don Eufrasio:

—Entre las dificultades se esconde la oportunidad.

Capítulo 4

Aprovecharé éste corto espacio de tiempo —que intuyo me queda— para hacer lo que siempre quise hacer:

— ¡Salir a contemplar el campo, del que huí hace muchos años! Cambiaré mi lujoso abrigo de *Jil Sander* por un tabardo para ir acorde con los demás. —Cuando pueda salir— ¡Sé que disfrutaré de la vida en todo su esplendor!

—El gran tesoro de Santo Tomé es lo que alberga en su perímetro, sus horizontes despejados, el paisaje o mejor dicho, sus extensos paisajes que cautivan a los visitantes que los descubren y que paradójicamente los habitantes no hemos sabido valorar y vender por todos sus encantos. La gente de aquí y los de fuera deben saber que, *el cielo debe parecerse a este lugar.*

—Cuando el camino alcanza su plenitud por el cromatismo de los paisajes, te preguntas ¿por qué me tuve que ir de aquí? No es esto o aquello, es el paseo en sí mismo el que te cautiva por el sendero del rio, al ir y al volver. Una encrucijada de influencias por la orilla del camino marcado por los romanos.

Dispongo de un espacio perfecto. En un lugar seguro, lleno de pensamientos afectuosos. Cuento con el apoyo sin reservas de mi familia desde la distancia. Ellos se alegran por mí, ya que pude llevar a cabo la realidad de mi sueño:

—Volver a repatriarme—.

Deserté de reuniones interminables donde se discuten estatutos, normas, ventas, resultados, procedimientos y reglamentos internos, sabiendo que con lo que está cayendo no conducirán a nada, o a muy poco.

Estoy en mi pueblo natal, donde aún queda gente humana y buena.

Personas que no se vanagloriaron con sus triunfos, tal vez porque nunca los tuvieron, o sí, y lo ocultaron bajo el valor de la humildad. Gente que antepone la dignidad humana a otros objetivos de vida más banales. Amigos o hijos de estos, que deseen tan solo dar un paseo hablando de verdades y mentiras, de honradez y de todo lo contrario. Personas que quieren rememorar aquellos años olvidados de penuria.

Ahora, y por mi edad, haré rutas de senderismo de baja dificultad para rememorar mientras camino, los imborrables años de mi infancia. Rebobinaré mi mente, hasta encontrar mis mejores anécdotas. Anécdotas que contaré a alguien de mi edad mientras observo cómo los jóvenes se abstraen de oír mis recuerdos por haberlas oído varias veces.

Haré barridos oculares de este a oeste y de norte a sur y bajo el manto de la fragilidad humana que protege mi mente y un día me preguntaré enojado:

—¿Un día deseé escapar de todo esto?

Es hora de recuperar la sabiduría del campesino. Estoy aquí para intentar cambiar, con el ejemplo, nuestra manera de vivir con intención de dejar un mundo mejor a las futuras generaciones. Lo contrario será un desastre de proporciones increíbles.

Tengo al mundo en su tablero de ajedrez y me toca mover ficha.

Quise volver para dedicar tiempo a mis orígenes, el dinero hace tiempo que se volvió secundario para mí. Estoy en mi pueblo, Santo Tomé, (Jaén) pueblo que abre la puerta del parque Natural de las Sierras de Cazorla, Segura y las Villas, el mayor parque protegido de España con 214.300ha. Está a un cuarto de hora del corazón del parque de las Sierras de Cazorla, Segura y las Villas, a media hora en coche de Úbeda y Baeza, y a una hora de la Capital, Jaén, la ciudad donde nació... Ángel Cruz Rueda, catedrático de Filosofía, periodista, escritor y crítico literario, biógrafo de Azorín, catedrático de Literatura, director del Instituto Aguilar y Eslava.

—Quiero expandir mi imperio empresarial. Desplegaré mis alas del conocimiento cosechado y apostaré por crear empresas nuevas, dirigidas por emprendedores jóvenes a los que me gustará verlos crecer. Ese será mi nuevo reto.

He recibido muchas llamadas de mucha gente importante de Cataluña y a todos les he dicho lo mismo:

—Es mi deseo y mi sueño, el mismo que he tenido desde antes de salir de mi pueblo. Lo tenía claro: ambicionaba *volver a casa*.

Ahora que estoy de vuelta y después de contar mis años vividos, descubrí que tengo menos tiempo para vivir de aquí en adelante, que el que viví hasta ahora.

Me siento como aquel niño que ganó un paquete de caramelos; los primeros los comió con agrado, pero, cuando percibió que quedaban pocos, comenzó a saborearlos profundamente.

Por esa razón he vuelto; ya no tengo tiempo para soportar a personas absurdas que, a pesar de su edad cronológica, no han crecido en absoluto.

Fue determinante mi decisión cuando oí decir a un prestigioso gobernante catalán:

—España tiene que decidir qué modelo de país quiere para los catalanes. Como si Cataluña no fuera una comunidad de España.

Sé que a todos se nos juzgará moralmente por lo que hagamos durante estos meses. Es hora de pensar en el interés general. Ayudaré a los demás.

Correré la voz de mis pretensiones por el pueblo:

—Ayudaré económicamente a los osados empresarios. Paisanos o a gentes de otros lugares que quieran llegar e instalarse aquí con sus empresas.

Haré una residencia para artistas y becarios. Crearé un epicentro de la moda empresarial.

Para vivir en un pueblo con futuro necesitamos gente joven, con críos, nacidos aquí. Parejas que sean capaces de desconectar de la gran ciudad y que quieran volver o vivir en el pueblo.

Empresas con responsabilidad para asentar la población.

Les haré ver que todos nacemos con un don que debemos descubrir y si no es así, con el tiempo, acabaremos perfeccionándonos en nuestras obligaciones.

Mi tiempo es escaso como para discutir títulos. Quiero empresarios valientes y con esencia, mi alma tiene prisa... *quedan pocos caramelos en el paquete...*

Quiero rodearme de gente que sepa tocar el corazón de las personas. Gentes a quienes los golpes duros de la vida, les enseñaron a crecer con toques suaves en el alma.

Siempre me dejé llevar por mi instinto y la gente se sorprendería de las aportaciones tan espectaculares que dejó en mi vida.

Todas las propuestas las escucharé en la terraza, mientras contemplamos la que posiblemente sea la mejor puesta de sol del mundo.

Siempre puse una taza de más porque estoy convencido que algún día volverá. Creo volver a tener posibilidades de recuperar mi único tachón en mi impoluto expediente del matrimonio: el deseo de volver a poseer al primer e inolvidable amor, el de la monja de sonrisa permanente.

—Sí, tengo prisa, prisa por vivir con la intensidad que sólo la madurez me puede dar. Porque sé que lo esencial es lo que hace que la vida valga la pena.

Recuerdo una frase del ya fallecido, don Eufrasio el cura mentor:

—Tenemos dos vidas y la segunda comienza cuando te das cuenta que sólo tienes una.

Pretendo no desperdiciar parte alguna de los dulces que me quedan. Estoy seguro que serán más exquisitos que los que hasta ahora he comido.

Mi meta es llegar al final satisfecho y en paz con mis seres queridos y con mi conciencia.

—Seguiré así, sin más. Soy un convencido que hay algo más importante que la lógica y no es otra que la imaginación. Y de eso voy sobrado.

Después de muchos años he aprendido para qué vale ser rico en Barcelona, y no es otra cosa, que para que te den mesa en un restaurante y para que los bancos te adulen.

Volví con el convencimiento que para volar alto hay que pensar en grande.

Capítulo 5

El once de marzo de 2020, los españoles lo recordaremos como; *aquel fatídico día.*

Yo, personalmente lo recordaré como el inicio de una obligada metamorfosis. Así recuerdo el inicio del encierro.

Aquella mañana de la puerta de primavera, como cada día a la misma hora, me encontraba sentado en el *trono* del cuarto de baño, oía las noticias de lo ocurrido en España y el mundo en mi viejo transistor. Eloísa contemplaba el techo de la cocina a la espera de que saliera del aseo para servirme el desayuno. La luz del día había esclarecido la oscuridad de la noche. Hacía varias noches que el claro de luna había desaparecido, no había luz en el cielo del astro de la noche, las nubes impedían el reflejo que recibe del Astro Rey.

De repente, el silencio se termina por el sonido de un móvil, a continuación, el murmullo de palabras banales que Eloísa susurraba a su amiga del alma:

—No puedo ir de compras, tengo trabajo, es imposible. Voy a colgar. Lo siento.

Un representante político dijo en antena:

—Se trata de un confinamiento general para evitar que el virus se extienda, por esa razón, obligaremos a la población a que se mueva lo menos posible. Es muy grave lo que está ocurriendo en España y en el mundo.

Yo, Nicolás, alias el repatriado, como todo el mundo, seguía con mis particulares pesquisas, sentado en mi sillón más inspirador. Mis mejores negocios nacieron sentado en mi particular estrado. Un lugar íntimo que da para mucho. Y pensé después de oír las noticias:

—Huele a trifulca. Fue lo primero que me vino a la mente.

Después, pensé y deduje para mis adentros:

—Esto es lo que habrá ocurrido en la reunión de los siete súper poderosos que mueven el mundo a su antojo, ellos son los culpables directos de la calamitosa y desastrosa epidemia que está zarandeando a los más de siete mil millones de personas que ocupamos todos los rincones del mundo.

Yo en mis particulares reflexiones especulativas pude reproducir los comentarios que supuestamente se decían en la supuesta reunión:

—Esta pandemia no es la hecatombe esperada. —Comentaría el representante religioso.

—¿Por qué dices eso? —Respondería el responsable de la idea del virus.

—El religioso confesó:

—Porque no muere tanta gente como la esperada. Yo pensaba en una hecatombe de magnitudes sobrehumanas.

El representante militar afirmó con severidad castrense:

— ¡Señores!, creo que hemos menospreciado la fuerza y el coraje de los sanitarios; médicos, enfermeras, auxiliares, conductores, limpiadoras, administrativos y empleados de la sanidad en general, estaban exhaustos. Los hospitales sin camas, y pese a todo, las ciudades sanitarias del mundo no se derrumbaron por el coronavirus.

La radio continuaba dando su parte matinal:

—La noticia de hoy es la más preocupante. Lo escuchado me hizo reafirmar mis sospechas. Es la señal inequívoca de que el virus salió de un laboratorio.

—EE.UU. reveló que tres miembros del Instituto de Virología de Wuhan enfermaron en noviembre de 2019.

A raíz de la noticia matinal, me dije para mis adentros: Existen dos hechos relevantes relacionados con la tecnología y por ende, con la realidad del Coronavirus: la lucha descarada entre China y EE.UU. por imponer la tecnología 5G y el aumento de los ciberataques a las empresas más vulnerables. Bueno, ahora no toca... Volveré a la realidad.

La gente, después del obligado confinamiento lo vivimos de la mejor manera posible sin pensar demasiado lo que suponía para nuestros organismos aquél indeseado encierro domiciliario. Convivimos con unos verbos, palabras y condiciones nuevas para todos: teletrabajo, conciliación, discusiones, videollamadas, comilonas caseras, recetas, copiadas algunas, inventadas otras y muchas anécdotas.

Al no disponer ni de las respuestas, ni de las soluciones que la gente necesitaríamos oír, seguí enrocado en mi proyecto al que llamaré: *rejuvenecimiento rural*. La vida seguirá tras la pandemia y si no es así y morimos todos, pues no pasa nada, dejaremos hecho un trabajo para... no sé quién.

Nos reunimos en la habitación de los sueños, a la que otros llaman biblioteca. Sentados en nuestra mesa redonda, iniciamos la exposición de objetivos para dar paso a la lluvia de ideas: Eloísa representaba a los jóvenes locales. Norberto era la viva voz de los trabajadores emigrantes y repatriados y un servidor representaba al poderoso Don Dinero. De momento, no necesitábamos a más gente... de momento.

Tomé la palabra y expuse con cautela afirmativa:

—Devolveremos la vida a los ecosistemas dañados. Porque a la larga, los beneficios para la zona serán medioambientales, económicos y sociales. Salvaremos la tierra perdida y olvidada por los gobiernos.

Todo iba más o menos bien en el pueblo, España y el mundo, la globalización no parecía ser tan mala como parecía ser al principio. El gran problema para el país y el mundo era la falta de producción: industrias, comercios, transportes no esenciales pero esa cuestión tan importante parecía no afectarnos demasiado porque antepusimos salud a dinero.

Pero todo cambió de repente:

Se inició un efecto dominó de contagios por causa de un maldito virus. Su propagación fue vertiginosa.

La situación era más grave de lo esperado incluso en el pueblo. Ante tanta incertidumbre, me auto pregunté:

—¿Quiénes están detrás de los gravísimos eventos que estamos viviendo? ¿Cuáles son los magos que manejan los hilos en este teatro de marionetas que estamos presenciando?

En algunos párrafos anteriores insinué algo sobre los siete poderosos, ahora, después de dos meses de encerramiento forzoso estoy más convencido de cómo y por qué salió a la luz el bicho.

Antes de exponer mis detalladas reflexiones sobre lo ocurrido con la pandemia, os presentaré un resumen de la evolución. Será en el siguiente capítulo. Reflexionaré a conciencia sobre lo que está pasando, necesito un tiempo...

68

Capítulo 6

Era un día de Navidad, nos sentamos a ver la vida pasar en la terraza acristalada con vistas al Cerro de las Albahacas. Mientras esperábamos la puesta del sol le comenté a mi primo:

—No te preocupes ni te asustes en demasía. Todo, hasta el pánico, debemos suministrárnoslo en su justa medida. Escúchame con atención lo que quiero decirte porque nuestras memorias se nutren del pasado y lo vivido, ni se puede ni se debe olvidar.

Esta es la cronología del coronavirus, vista por este repatriado desde mi rincón del paraíso.

El 31 de diciembre de 2019 una parte del mundo se fue a la cama, (yo entre ellos) mientras que otros vivían una noche de desmadre, (*todo vale en nochevieja*) pero todos tendríamos algo en común: vivíamos ajenos a lo que se nos avecinaba.

En Wuhan, China, se detectaron los primeros casos de una neumonía rara.

Y, cuando crees haberlo visto todo, ocurre algo que lo supera. Y así vamos de una decepción a otra, hasta que nos llegue el final. Todo lo que nos ocurre en nuestro cotidiano día a día, forma parte de la vida misma. Pero... lo que se acercaba a velocidad de vértigo era demasiado y difícil de digerir.

La noticia que cambiaría el mundo llegó desde Wuhan, *pocos habíamos oído hablar antes de esta provincia China.* El 23 de enero de 2020. Aquel nefasto día, nadie sabía, ni se imaginaba, que sería el inicio de la pandemia que inundaría al resto del mundo de manera apresurada, con el ya famoso coronavirus: COVID19.

Nadie, excepto los chinos se tomó tan en serio lo de la pandemia, pese a estar advertidos por los virólogos y científicos. La ciudad de Wuhan, de once millones de habitantes, la cerraron a cal y canto para contener la epidemia de neumonía provocada por un nuevo coronavirus que, en ese momento, llevaba 575 contagiados y 17 fallecidos.

Más adelante seguiré con mi particular manera de ver la cronología de lo acontecido en el mundo.

Mientras ocurría todo esto yo vivía en casa tranquilo. Intentando dar forma a mis proyectos. Contemplando las puestas de sol con Norberto, mi primo. Los dos, habíamos iniciado los paseos matutinos por los rincones del trozo del paraíso interior que el creador nos regaló en estos lares de la provincia de Jaén. Era hora de recordar los anhelados momentos de nuestro pasado.

Un día cualquiera del mes de enero, salimos a pasear Norberto y yo. Iba deleitándome con el espectáculo que la naturaleza nos regalaba cada día. No pude contenerme y comenté con ímpetu:

—Sacaremos partido a nuestros espacios protegidos, porque es de todos conocido sus excepcionales vistas.

Mientras tanto, el mundo miraba de reojo con silencio cauteloso, las noticias que llegaban de la ya conocida provincia China de Wuhan.

A miles de kilómetros de nuestra rutinaria normalidad, los chinos vivían presos del pánico, frenaron en seco toda la actividad. La nación más poblada del mundo confinó a sus mil cuatrocientos millones de habitantes. Se encerraron haciendo alarde de una disciplina ejemplar o de un pánico gigantesco por lo que les podía ocurrir a todos los ciudadanos.

Lo que ocurrió en los días previos, solo ellos lo saben. El resto del mundo nos quedamos con la especulación.

La situación pintaba mal y la gente pensaba cuando aparecían cifras y datos demoledores.

—¿Qué está pasando en China? Nadie nos imaginábamos la transcendencia que iba a tener lo que estaba ocurriendo en Wuhan.

He aquí el encadenamiento de los hechos, así lo contaron ellos; tú piensa lo que quieras, eres libre.

1 de enero de 2020, las autoridades sanitarias de China cierran el mercado mayorista de mariscos de Huanan, después de que se descubriera que los animales salvajes vendidos allí pueden ser la fuente de un virus. *Cosa que nadie se creía.*

Siete días más tarde, las autoridades chinas confirman que han identificado un virus nuevo de la familia: coronavirus. Inicialmente llamado 2019-nCoV por la OMS. Mientras ocurría todo esto, los ciudadanos lo veíamos como una desgracia lejana. Que daba lástima por la población, pero de pasada. Estábamos convencidos de que aquí, por la distancia, no llegaría.

Doce días más tarde, China comparte la secuencia genética del coronavirus para que los países desarrollen su propio kit de diagnóstico.

13 de enero de 2020, se detecta el primer caso de infección fuera de Huanan, un ciudadano chino que había llegado de Wuhan.

El 16 de enero las autoridades japonesas confirman que un hombre que viajó a Wuhan está infectado con el virus.

17 de enero confirman que una segunda persona murió en China.

20 de enero, China reporta 139 casos nuevos de la enfermedad, incluida la muerte de una tercera persona.

Veintiún días después, los americanos confirman el primer caso en el estado de Washington.

El mundo seguía ajeno a las noticias que tímidamente llegaban de China, hasta que las autoridades asiáticas confirmaron al menos 547 casos en el continente.

Veintitrés días después la OMS asegura que el coronavirus de Wuhan no constituye una emergencia internacional de salud pública — craso error señores—.

24 de enero se detectan los primeros casos de coronavirus en Francia, Europa empezó a tomarse en serio el coronavirus.

En tan solo veinticinco días, el mundo superó los 1.000 muertos. La gente se empezaba a preguntar y a especular:

— ¿Qué es eso? ¿Los chinos dicen la verdad? ¿Cómo te contagias con el coronavirus? Preguntas y respuestas que los habitantes del mundo ni teníamos, ni nos fiábamos de lo que nos decían los medios de comunicación. Todo eran especulaciones. Nadia sabíamos nada. Todo era un mar de especulaciones.

Las mascarillas se acaban en China y los chinos que viven en Europa empiezan a acaparar mascarillas para enviarlas a sus lugares de origen. Dejaron a Europa sin una mascarilla. Cerraron sus comercios y desaparecieron como por arte de birlibirloque.

Yo, personalmente, como la mayoría nos preguntábamos:

— *¿Podrá llegar esa mierda a este rinconcito de Europa?* Vivíamos tranquilos, pero un tanto mosqueados por las noticias que llegaban de todos los medios.

Un hecho relevante ocurrió veintiocho días más tarde, el Departamento de Estado de EE.UU. evacúa a diplomáticos y sus familias de Wuhan.

Yo, como mucha gente nos dijimos para nuestros adentros:

—Esto es muy serio. Algo grave está ocurriendo o va a ocurrir.

Justo un mes más tarde del origen de la noticia, el 30 de enero de 2020 se confirma que el contagio del coronavirus de Wuhan es transmitido de persona a persona.

Justo unos días más tarde, la Organización Mundial de la Salud se desdice de lo dicho el veinte de enero, declarando que el coronavirus es una emergencia internacional de salud pública.

Y... empezó el baile de acusaciones entre los chinos y los americanos:

El Ministerio de Relaciones Exteriores de China acusa al gobierno de Estados Unidos de reaccionar inapropiadamente al brote de coronavirus y de difundir el miedo por imponer restricciones de viaje a Wuhan.

7 de febrero de 2020 el mundo recibió una mala noticia:

—Li Wenliang, el médico de Wuhan que fue blanco de la policía por intentar alertar sobre un virus «similar al SARS» en diciembre de 2019, muere por el coronavirus o de muerte *natural*.

Esta inesperada muerte se tomó como sospechosa. No en vano, el doctor alertó al mundo del posible problema pandémico. Alertó a China y al mundo de lo complicada que era la situación.

Diez de febrero de 2020 un equipo de expertos internacionales de la OMS llega a China para ayudar a contener la transmisión del virus.

El once de febrero de 2020 la OMS nombra el coronavirus como COVID-19.

A mediados de febrero, el coronavirus, llamado COVID-19 por la OMS, es primo del también mortal virus del SARS. Casualidad, afirmaron lo que el doctor Li Wenliang dijo al mundo.

Un mes y medio después de la detección del virus, las autoridades hacen llegar a la población esta información del virus:

—Los coronavirus son un gran grupo de virus comunes entre los animales. Estos pueden afectar a las personas, generalmente como una enfermedad leve o moderada del tracto respiratorio superior, similar a un resfriado común. Los síntomas del coronavirus incluyen secreción nasal, tos, dolor de garganta, posiblemente dolor de cabeza y quizás fiebre, que puede durar un par de días.

Las primeras noticias oficiales que llegaron desde la ciudad china de Wuhan, decían algo así:

—Un Coronavirus de origen desconocido se propagaba inexplicablemente entre sus habitantes.

Mientras tanto, el resto del mundo mirábamos de pasada la noticia; era algo muy lejano que ocurría en la China.

Un grupo de científicos y virólogos del mundo veían con expectación preocupante las noticias que llegaban del país asiático.

—Las personas caían desfallecidas por el coronavirus y lo peor de todo es que nadie sabía cómo actuar para atajar la contaminación piramidal, se propagaba por el aire y crecía de forma imparable por todo el país. Nadie se creía las noticias que llegaban desde China.

Desde Wuhan (China) y debido a la globalización, el mundo inició lo que sería un año negro de muertes y cerrojazos.

Ocurrió en la mayoría de países de una forma vertiginosa. Los políticos *listillos* iniciaron sus apariciones públicas.

Todos creían disponer de la mejor sanidad del mundo. (*Palabras de sus respectivos presidentes de Gobierno*).

A los dos meses de la aparición del virus, el colapso sanitario estaba generalizado. El desbordamiento en todos los sistemas hospitalarios del mundo fue un hecho real.

La propagación fue un éxito. Visto bajo la intencionalidad de los causantes de la distribución del mortal virus. En menos de sesenta días el mundo entero estaba infectado. Los primeros en morir fueron los más vulnerables, las personas mayores que residían en residencias.

Nadie sabía nada y todos opinábamos.

Los primeros en caer fueron los sanitarios, los hospitales carecían de la falta de EPIs, mascarillas, respiradores, guantes quirúrgicos, no sabían cómo protegerse, pero sí tenían claro que tenían que seguir ayudando a los enfermos, a sabiendas de lo peligroso que era para su integridad física.

Los responsables políticos de sanidad de todo el mundo ante esta desoladora situación, pasaron del alarde de ser los mejores a no saber qué hacer. Los ciudadanos nos topamos con un cuestionado y desbordante desorden.

Ante lo que estaba aconteciendo en Europa y en algunos países desarrollados: España y el mundo, decidió confinar a los ciudadanos en sus hogares de residencia. A los españoles nos tocó confinarnos por orden del Gobierno de la nación el 14 de marzo de 2020. El Mundo se encerró en sus casas.

El mundo entero se contaminó a una velocidad increíble. Los ciudadanos estábamos expectantemente desorientados.

Estas son algunas de mis particulares conjeturas:

—Mi teoría es que el virus salió de un laboratorio y alguien ordenó propagarlo en aeropuertos, estaciones de tren, campos de futbol y en lugares donde hubiera concentraciones masivas de ciudadanos.

Alguien muy poderoso hizo uso de la globalización para infectarnos a todos en un tiempo record. Parecía una película de ciencia ficción.

Este dato lo debemos de tener en cuenta ya que se trata de dos gallitos bien entrenados. Ambos dominadores del mundo:

—En 2019, EAU (Emiratos Árabes Unidos) firmó un acuerdo de cooperación en tecnología 5G con China y en mayo, alcanzó otro con Huawei, el gigante tecnológico chino que compite en todo el mundo con el despliegue de este tipo de redes y que EE.UU. considera una amenaza directa.

Una especie de guerra fría tensa las relaciones entre China y EE.UU. El motivo es por una tecnología punta como es el 5G. Pero continuemos con lo acontecido:

Los ciudadanos nada podíamos hacer, exceptuando las palmas a las 8 de la tarde a favor del esfuerzo titánico de los sanitarios.

Ellos lo dieron todo a favor de los demás. Arriesgando sus propias vidas.

Creo que aquellos aplausos fueron fruto del miedo. Los sanitarios necesitaban de la arenga de los ciudadanos para continuar arriesgando sus vidas: no tenían medios para protegerse, solo la voluntad y la responsabilidad para con su trabajo les hacía seguir adelante, sin mirar que sus vidas corrían peligro.

Conclusión personal reducida sobre la realidad del coronavirus.

Estas son mis hipótesis de lo acontecido:

—Creo, no, estoy convencido que los hechos ocurrieron así:

—Los chinos inventaron la nueva tecnología del 5G. Esto incomodó muchísimo al país más poderoso del mundo, que después de intentar sin éxito convencer a los asiáticos para que compartieran sus logros, se vieron obligados a inventar esta arma destructiva y adjudicársela a sus rivales digitales.

Posteriormente le echaron la culpa a los chinos por sacar el coronavirus de uno de sus laboratorios. Se les fue de las manos. Luego intimidaron donde más duele a los países, el dinero: *subieron los aranceles a todo lo importado de China.*

Estos hicieron lo propio. La guerra por el poder económico estaba declarada. Y ya se sabe:

—*En la guerra todo vale.*

Otra hipótesis que pensé:

—Esto no es obra de la casualidad. La mano del hombre está detrás de toda esta maldición. Y como buen ciudadano especularé dejándolo escrito para las gentes sobrevivientes de la inminente pandemia:

—Así se maduró y se puso en marcha el fin del mundo. Fue un final manipulado. Muertes masivas sin discriminación de ningún tipo.

Ocurrieron unas fechas atrás, tal vez hace tiempo. El inicio de la pandemia.

Lo que la gente no sabe:

El mundo vivía ignorante de lo que los poderes ocultos son capaces de hacer para conservar su poder privilegiado. Son los que rigen y deciden el rumbo de la humanidad.

Este selecto grupo, se creían que la inestabilidad internacional era demasiado incierta y por ende poco sostenible.

Con el objetivo de mantener a la población sometida, controlada y atemorizada. Organizaron una reunión clandestina.

Enero de unas fechas anteriores en una isla desconocida de un país obediente. Los siete representantes del poder oculto mundial, se reúnen de urgencia para tratar el problema de la superpoblación del planeta. Bajo el lema:

—Así es insostenible continuar.

Lo hicieron cuando mejor le iba a la mayoría de la gente. Teníamos lo que necesitábamos:

—Trabajo y vida—.

Estas cabezas pensantes decidieron crear algo maléfico para seguir rigiendo el destino como hasta ahora lo habían hecho.

Decidieron crear una transformación globalizada. Un algo que creara una crisis internacional que afectara a todos los países por igual, y a cuanta más gente mejor. Eso sí, advirtieron que tenía que ser un mal genérico y que afectara a todas las clases sociales por igual para que los ciudadanos no desconfiáramos de ellos.

Y, como si de un cuento malévolo se tratara, todo empezó así:

—Había una vez un grupo de "salvadores del mundo" que se hicieron esta pregunta:

—¿Está el mundo preparado para afrontar el continuo aumento de población diez años más?

Como respuesta a la pregunta, crearon un código secreto para enfrentarse a la inminente mengua ciudadana.

—Repoblación.

Fueron siete súper hombres, los más poderosos del planeta tierra.

Estos son y así lo iniciaron todo:

Inmediatamente a continuación de las presentaciones, el **representante religioso** propone hacer un entresacado natural en países poco desarrollados, y precisó:

—Hagamos que la gente crea que lo que suceda sea la llegada de la Apocalipsis. Así volverán a los templos.

— ¿Cómo se hace eso sin pegar un solo tiro? —preguntó el **estratega militar**.

—Concibamos un arma biológica, un virus capaz de trasmitirse por vías respiratorias entre los seres humanos, algo similar a una gripe o neumonía, pero que en realidad sea una trombosis enmascarada, con objeto de no alarmar a la población. Tenemos laboratorios que custodian con un nivel máximo de bioseguridad, virus letales para acabar con la mitad de la humanidad en un *pispás*. Hagámoslo en un laboratorio clandestino e infectemos al mundo entero. Algo que acabe de forma indiscriminada y por igual, sin distinciones en clases sociales —comentó el **galardonado virólogo** dueño de los laboratorios farmacéuticos más grande del mundo.

—Algo parecido a una pandemia y que dé como resultado una guerra biológica —comentó el **más rico del mundo.**

—Debo advertiros que la discreción debe ser total. Aunque lo hagamos aquí o en mi país, nadie debe sospechar absolutamente nada. ¡Entendido! —dijo de manera enérgica el **presidente político** del país más importante del mundo.

Todos asintieron moviendo la cabeza de arriba abajo.

El magnate de tecnologías vanguardistas ilustró:

—Tenemos sobrepoblación. Si continuamos creciendo a esta velocidad en pocos años pasaremos de seis mil millones a nueve o diez mil. Si ya tenemos problemas, imagínense como estarán los sobrevivientes.

El responsable de la economía internacional comentó:

Los ancianos viven demasiado tiempo y eso es un riesgo para la economía mundial. El mundo necesita reducir la población, mínimo un 50% e imponer una política de no más de un hijo por familia.

Hagamos que la inminente catástrofe sea por culpa del ser humano.

Debe de ser algo sin explicación, como si fuera la invasión de una civilización extraterrestre. La gente deberá pensar que se trata de un objeto artificial procedente de una panspermia intergaláctica.

El moderador mandó al secretario escribiente que tomara nota de todo para poner en marcha el proyecto.

Necesitamos eliminar un mínimo de quinientos millones de personas en todo el mundo.

La población crece de manera incontrolada. No tenemos tiempo de reacción. Las guerras, el medio ambiente, el clima. Vivir en la Tierra en unos años será un caos.

Y volvió la pregunta del inicio:

—¿Está el mundo preparado para afrontar el continuo aumento de población diez años más? No ¿verdad? Pues hagámoslo. Porque el número de necios es infinito. La estupidez ha competido con la razón durante toda la historia, es hora de arreglar el futuro.

Empezaremos con el nombre de la operación:

El virólogo que de virus sabía lo suyo dijo:

—Operación **Colibrí.**

—¿Por qué Colibrí? —preguntó el político:

—Por ser el único que vuela en todas las direcciones: hacia arriba, hacia abajo, de derecha a izquierda, para adelante y hacia atrás, y por su minúsculo tamaño es casi invisible —aseveró el virólogo.

Todos ratificaron el nombre.

Sin tener una certeza exacta de cómo llegó el virus al mundo, mi última hipótesis es que salió de un laboratorio, sí o sí.

Escribo este hecho desde mi recluido hogar, donde resido de forma voluntaria desde hace un tiempo, solo que ahora me siento encarcelado en una penitenciaría sin rejas que me impide salir. Sea como sea, no queda otra. Quedarse en casa no es una opción, es obligatorio.

Nos permiten salir a la calle disfrazados con una mascarilla, guantes, gafas de sol y gorra, por necesidad para: comprar víveres, ir al médico o para atender a un familiar enfermo.

Unos días previos al confinamiento, la gente se tiró a la calle para acaparar comida hasta más no poder. El artículo que nadie se esperaba que tuviera tanto éxito fue el papel higiénico. Sorprendentemente, no fue solo en España, el acaparamiento del papel del culo fue generalizado.

Autoridades y medios de comunicación me retienen como a otros muchos rehenes recluidos en casa, con sus advertencias, recomendaciones, comentarios, reflexiones intimidadoras sin poder salir a vivir los pocos días o años que nos queden de vida.

Este escrito es la documentación inédita que aborda las extrañas circunstancias con las que se instaló la Covid19 en el mundo con el objetivo de cribar a los humanos. Los débiles (morirán) dejando a los fuertes (vivos). Estos últimos serán los supervivientes elegidos para la continuidad del mundo.

Y como se gestionó la terrible enfermedad por los políticos y autoridades que nos representaban en el mundo. Lo hicieron de la peor forma posible:

—Encendiendo el odio entre ellos y por añadidura fomentando el odio entre los acérrimos seguidores de unas y otras siglas. En contrapartida, la sociedad da Gracias a personas desconocidas que actuaron con compasión bajo el manto del anonimato.

—Ante la perspectiva creada por culpa de esta misteriosa pandemia, me alegro de estar recluido en mi tierra, en mi pueblo y en mi propia casa, desde donde nunca debí partir.

92

Capítulo 7

Pese a mi repatriación voluntaria, mi mente sigue preocupada y pensando en todo lo que ocurre en Cataluña. Mis hijos y nietos siguen viviendo allí, porque ellos nacieron y se criaron en ese ambiente hostil que continuamente se vive en Cataluña y por ende en el país. Ellos quieren y aman a su tierra tanto o más que yo a la mía. Aunque me pese es la realidad. Yo respeto a todo aquel que ame y quiera a su tierra natal, por muy... que sea esta.

—Significa mucho para mí y mi niñez. A partir de ahora lo que me suceda me convendrá seguro. Cuanto más recuerdo del pasado, mejor me siento. Aunque entre otras cosas, me vine por no entender a los personajes independentistas. ¿Acaso cree la gente que con una independencia vivirán mejor? La respuesta está en las urnas. Vivimos en una democracia, la mejor manera de ser gobernado.

—Pese a todas las inexplicables cesiones de poder por parte del gobierno central a favor de la autonomía de Cataluña, el descalabro diplomático continúa. Cada día que pasa se confirma que la relación entre ambas administraciones será aún más antagonista en el futuro.

Aun así, los Gobiernos centrales encarrilaban y encarrilan sus legislaturas aprobando presupuestos de la mano de los independentistas. Votos a cambio de seguir permitiéndome continuar con mi ejército de ladrones entrenados bajo la insignia de la democracia republicana.

Pero bueno, la vida sigue y las cosas seguirán pasando. Ahora dejaré ese turbio conflicto a un lado y continuaré narrando mi encierro.

Llevábamos un tiempo considerable de confinamiento obligatorio. Yo no esperaba a nadie. Cuando sonó el ding dong de la puerta. La joven se alertó y fue a verme con cara de preocupación, yo con la tranquilidad que genera el poder y el dinero, le dije:

—Eloísa ve abrir la puerta. Y pese a mi calma me pregunté lo mismo que Eloísa:

—¿Quién será a estas horas tan intempestivas de la mañana?

—Oí su voz, y enseguida supe que era Beatriz, la monja que habitó un hueco en mi mente afectuosa durante tanto tiempo. Y que aún sigue vigente el deseo de estar con ella.

La tenía olvidada después de muchos años de nuestra última y esporádica relación sentimental. *(Mentira, ¿a quién quieres engañar?).*

La monja venía acompañada de un joven de aspecto fornido, elegante y bien parecido.

Eloísa, al abrir la puerta, supo que era la destinataria de la misteriosa taza de café que cada día ponía de más sobre la mesa mientras los dos primos veían con asombro las puestas de sol.

—¡Buenos días! ¿Qué deseaba? —preguntó la joven Eloísa.

—¡Buenos días! ¿Está don Nicolás? —preguntó Beatriz un tanto impacientada.

—Sí, pase usted, enseguida aviso al señor.

—¡Acompáñala hasta el salón Eloísa! —le grité, a sabiendas que se trataba de Beatriz, la mujer que nunca se alejó de mi mente amorosa desde que nos conocimos allá por los años... antes de irme a Barcelona.

Al vernos, después de algunos años, los dos nos dirigimos la misma mirada obscena pese a la edad avanzada que ambos teníamos.

Ella sonrió y comentó:

—Nicolás te presento a Nico, es mi hijo.

—El joven me miró con frescura y pronunció unas bonitas palabras:

—Encantado de conocerle señor. Gracias por abrirnos la puerta de su casa en pleno confinamiento.

—No tienes por qué dar las gracias —le respondí. Él seguía mirándome con admiración o reproche, no supe que pensar.

—¿Y tu marido el inglés? ¿Dónde te lo has dejado? —pregunté a Beatriz que seguía pareciéndome una mujer excepcional.

—El murió hace menos de un año. Y, desde que mi marido falleció, mi cuerpo está de luto desde entonces —respondió con cierta nostalgia. Había mucha complicidad entre ellos.

—Lo lamento, una gran pérdida. Cuanto lo siento.

—Me dejó descolocado aquella triste noticia, ya que el muchacho era algo ingenuo pero una buena persona al que tenía una alta estima.

Beatriz contestó con una pregunta:

—¿Tú crees que cuando miramos al cielo, allí se maneja nuestro destino?

No supe que decirle. Pero de pronto me llegó un bonito comentario de don Eufrasio:

—*Con la muerte, nos llegará la gratitud de toda la vida.*

Ella reaccionó continuando con la conversación del difunto marido.

—Sí, fue un palo muy fuerte. Poco a poco voy superando el trance.

—Está bien, ¿qué haces por aquí, en mi tierra maravillosa?

Ella se quedó unos instantes pensando la respuesta y continuó:

—Cataluña está hoy peor gobernada que nunca, la gente huye, las empresas desaparecen. Y por esa razón decidí salir. Vine acompañando a mi hijo que se hizo funcionario estatal. Después supe que estabas aquí y decidimos hacerte una visita. Nos ha pillado el toque de queda y no sé dónde confinarme.

—Sin problemas. ¡Eloísa! prepara dos habitaciones contiguas, una para Beatriz y otra para este muchacho tan elocuente y guapo.

—No señor, yo me voy, si mi madre quiere quedarse, por mí encantado. He quedado con un compañero y mañana entro de servicio por la zona.

—Vete tú hijo, yo prefiero confinarme en casa de don Nicolás, antes que en un cuartel sola esperando a que tú aparezcas por la puerta.

Cuando el muchacho de despidió vi dos detalles en él:

—Se parecía un poco a mí cuando tenía su edad, y la otra, vi cómo se miraron la joven Eloísa y el muchacho. Despúes:

—Miré a Beatriz con ojos de pillo, sabedor de mi juventud avanzada, lo que no quitó que notara en mi interior el felino hambriento que llevo dentro, por esa cuestión le comenté:

—Siempre puse una taza de café de más, porque estaba convencido que algún día volverías junto a mí. Esto es parte del hechizo amoroso que envuelve a todos los nacidos en este rincón del paraíso.

La ex princesa de Dios, me devolvió la mirada picarona e insinuante y me confesó:

—Siempre me dejé llevar por mi instinto y te sorprendería saber las aportaciones tan espectaculares que éste dejó en mi vida.

—Yo, sin embargo, te reconozco como el único borrón en mi expediente de fidelidad en el matrimonio con Damiana. Mi deseo por ti era tan fuerte, que al consumar la única infidelidad de mi matrimonio no reparé en el daño que me haría a mí mismo.

—Y, tu mujer, ¿qué ha sido de ella? Por qué estás aquí solo, ¿verdad? —preguntó la monja con descaro.

En ese instante dejé la mirada perdida en el recuerdo y sin tregua alguna le confesé:

—Desde aquel fatídico día que Damiana me manifestó que permitió que la embaucaran con bonitas y dulces palabras, dejamos de tener sexo entre nosotros y pasamos de un sentimentalismo estrecho al totalmente opuesto.

—Ella fue débil, por mi insistencia acabó confesando su adulterio. —Y continué diciéndole:

—Lo nuestro no es una separación al uso: ha sido una decisión de mutuo acuerdo. Los dos estamos orgullosos de nuestra familia. Hoy por hoy, nuestro amor de pareja está en *stand by* por mirar caminos diferentes.

Beatriz, me miró e intentó reprimir mi decisión de abandono de hogar.

—La verdad, entre el personal del hotel, se rumoreó que la causa de vuestra separación fue por una infidelidad de Damiana. No de la nuestra, que como quedamos, no se enteró nadie.

—Claro que no, lo que pasó entre nosotros fue distinto. Nuestro deseo venía de atrás.

—Pero bueno, lo de Damiana, solo fue una vez, creo que será improbable que lo vuelva a hacer.

—Tan improbable como posible —Le contesté un poco enojado por la imborrable infidelidad de mi mujer.

En ese momento se despertó en mi mente el deseo de volver a morder la manzana prohibida. Y continué hablando de Damiana con la intención de allanar el terreno prohibido:

—Seguiremos unidos bajo el marchamo del respeto, el afecto y la amistad permanecerá siempre entre nosotros. Los dos deseamos lo mejor para nuestros hijos y nietos. También te digo que esta puerta siempre permanecerá abierta para Damiana y su familia. Ellos saben que sigo estando para todo y para todos. La familia, siempre es la familia. Le contesté sin más.

—También te diré que nuestra separación no es una ruptura definitiva, aun así, ni te imaginas el daño irreparable que nos están generando a ambos.

—Tú sabes mejor que nadie que la clave en una relación de pareja, está en la confianza mutua.

No dije nada más.

Ella, echó su mirada sobre mis pupilas afectivas y me comentó sin parpadear lo más mínimo:

—Nuestra historia es una cosa muy bonita. No es comparable con ninguna otra historia vivida en una pareja. Una relación entre amistad y deseo.

En aquel instante, Eloísa, que estaba curioseando la conversación, dijo con cierto *rin tin tin* y con voz alta:

—Ya está la habitación arreglada señor.

Eloísa, es para mí una mirada fresca que frena los desajustes del pasado.

Miré con el rabillo del ojo a Beatriz y vi como miró a Eloísa, entonces le dije seriamente a las dos:

—Eloísa y Beatriz, nunca juzguéis un libro por su portada. Las dos se callaron y dejaron de mirarse con recelo.

A continuación pensé:

—Entre otras cosas, el motivo de mi regreso, lo hice porque creía que volvería a verla aquí sentada, junto a mí y estaba convencido de que ella, cierto día, retornaría al escenario de la primera vez. En el mismo lugar donde surgieron los inicios de nuestro flirteo, como así ha sido.

—Cuanto más recapitulo nuestros recuerdos del pasado, mejor me siento.

Fue bajo este espectacular cielo rojizo donde nuestras almas se fundieron en una sola sin mediar una sola palabra. Fue aquí y entonces, cuando descubrimos que el amor es un misterio que los ojos no saben esconder. Aún recuerdo sus miradas de ojos húmedos y relucientes.

Unos instantes después:

Madre e hijo se despidieron. Beatriz subió a sus aposentos.

Mientras eso sucedía le comenté a la joven Eloísa:

—No te dejes guiar por lo que ves, porque a veces el error viene de la precipitación de lo visto.

Ella sonrió y me puso carita de... a mí también me hubiera gustado que me trataran así.

Fue entonces cuando caí en la posibilidad de que ella estaría por mí o por mi dinero. Por la edad de ella y por la mía, más bien diría que por lo segundo o simplemente por respeto y aprecio.

Ahora bien, con respecto a Beatriz, creo volver a tener posibilidades —pensé para mis adentros, aunque un tanto avergonzado.

Quise comprobar si la invitada se había instalado de forma confortable. Subí y primero abrí la habitación de invitados y no estaba, a continuación llamé a la puerta donde se instaló Beatriz. Enseguida su voz melosa contestó:

—Pasa, está abierto.

Y... allí estaba ella, sobre la cama, acompañada de unas gotas de agua fresca, dinamizante, llena de energía y dispuesta a levantarme... el ánimo. Se encontraba completamente desnuda, la sábana solo cubría sus intimidades, posaba para mí con los brazos en cruz. Indudablemente, leyó mi pensamiento —sabía que entraría—. Me pareció ver un ángel despojado de su aureola. Una mujer que estaba dispuesta a compartir su vida conmigo, pese a nuestras avanzadas edades.

Vi una manzana que brillaba y me invitaba a morder sin pensar en las consecuencias de la mordedura. Pero le comenté con la serenidad que generó en mí la edad:

—Yo ya no soy el mismo: el tiempo me ha debilitado el físico, por el contrario, el mismo tiempo ha fortalecido el deseo. Ahora vístete. No es el momento para intentar nada, tal vez esta noche. No estamos solos.

—Al negarle el añorado reencuentro, igual ha podido pensar:

—Que me importa que tenga barriga y patas de gallo, pero nada de eso, solo veo que está estupenda, pese a sus elevados signos de edad. A partir de ahora, solo pensaré estar a la altura del momento, cuando este se produzca o llegue, si es que llega.

Unos segundos más tarde pensé:

Allí estaba ella, mi Venus particular desmesuradamente cálida y virtuosa al mismo tiempo. Deseosa de estar conmigo, mientras que yo seguía cavilando para mis adentros:

—La vida se me ha pasado tan deprisa que mi alma no ha tenido tiempo para hacerse mayor. Que la edad no te detenga nunca para realizar un deseo.

Ella tuvo en cuenta el momento e hizo uso de su mejor perfume, clavó su mirada insinuante en mí. Y comentó:

—Tienes que asumir que necesito abrazarte, pero tienes razón, no es el momento. Llevo tanto tiempo deseando este encuentro que pensé que no deberíamos seguir posponiéndolo.

—Cada uno tiene su propio destino ya que toda vida forma parte de un preestablecido plan —le repliqué muy seriamente.

—Sí, es cierto. Yo, por el contrario, creo que cada uno crea su propio destino culpando a su particular sino —respondió ella con una sonrisa angelical.

Yo fui prudente pese a mi condición de ricachón subidito y le respondí:

—Hui de una región donde nadie manda, aunque todos ordenaban mucho. Y llegué a la conclusión:

—Donde muchos mandan, nadie manda. Y... ¿por qué es así? Porque predomina la corrupción, la desobediencia y los delitos de odio.

Últimamente, vivir en la Barcelona era duro, pero si eras conocido, los fuera de la ley te respetaban. Allí luché para acabar con el mundo de hombres, vengo aquí y retomo la batalla que creí vencer allí. Siempre he pensado que el futuro es de las mujeres.

—Por esas y por otras muchas razones, me vine al abrigo de la cuna, a poder destacar mi liderazgo, poder mandar con autoridad. Ahora te digo:

—Tal vez más tarde. Y eso es lo que haremos.

Los dos retrocedimos nuestras mentes a nuestro primer encuentro visual, después a nuestro idílico encuentro, y ambos al unísono pensamos:

—Lo nuestro fue un auténtico flechazo a primera vista, qué nos importa la edad si el amor nunca envejece. Y ahora te digo:

—Sí, es exactamente lo que estás pensando, el tema es claro:

—Conocerse mucho tiene cosas buenas y menos buenas. Y a Beatriz la conozco mucho y ella a mí bastante.

—Nos vemos en la terraza para contemplar la mejor puesta de sol. Verás algo sorprendente.

Esperábamos sentados en una tumbona los dos, Norberto acababa de llegar. Ambos esperábamos la llegada del café con la torta de chicharrones que de un momento a otro nos traería Eloísa, cuando... ella apareció con un look de infarto, posando y zarandeándose de forma cruel para los ojos de un hombre, me quedé boquiabierto. Inmediatamente después me dije para mis adentros, una de las afirmaciones de los catalanes sobre los andaluces:

—Andaluz tonto, catalán listo. —¡Qué sabrán estos listos del elixir de la vida!

Norberto no sabía de su presencia.

A continuación pensé:

—Para lo que, para unos es mucho, para otros es perfecto.

Hice las presentaciones oportunas:

—Norberto, te presento a Beatriz, una amiga de cuando éramos jovencitos, ella pasará aquí el confinamiento. Vino con su hijo Nico que es funcionario del Estado, pero éste se ha tenido que ir.

—Beatriz, este es mi primo Norberto del que tanto te he hablado. Ha venido a envejecer en el pueblo como yo.

Los dos respondieron lo mismo y al mismo tiempo:

— ¡Ah! Pues no lo sabía. Encantado de conocerte. Ni uno ni otro esperaban la presencia del tercero.

Ella sacó su mente a pasear y especuló:

—Cuando las cosas se tuercen… yo buscaré el camino recto. Y me vino una frase de don Eufrasio que de vida sabía lo suyo y lo de los demás también:

—*La vida es un instante tan efímero como un chasquido.*

En aquel instante entró Eloísa mostrando sus piernas hasta medio muslo alto, con la bandeja en una sola mano y en ella: cuatro cafés y cuatro tortas de chicharrones. Eloísa una mujer de canalillo generoso y piernas altas la convertía en una mujer exuberante que le gustaba lucir su cuerpo sin el menor recato.

—Buenos tardes. Aquí están los cafelitos y esta taza para la visita invisible.

Yo no tuve más remedio que descubrir mis intenciones:

—No, Eloísa, la cuarta te la puedes llevar ya que la persona invisible se ha hecho real y ha venido con su hijo Nico. Llévate la cuarta. Gracias, Eloísa.

—Yo ya lo sabía, aseveró para sus adentros la joven.

Norberto también caviló lo suyo:

—Estos dos están liados. A mí no me la dan estos dos.

Beatriz se quedó sorprendida al ver como Norberto y yo, miramos con cierto descaro el generoso escote que iluminaba el cuerpo y la cara de la joven Eloísa. La monja arrepentida no supo callarse y comentó con cara semienfadada:

—Esos dos bultos destapados, son ubres de vaca, para nada tienen que ver con los pechos bonitos y proporcionados de una mujer. Y si me lo permitís vuelvo enseguida, voy al baño.

Norberto, que de suspicacia sabía lo suyo, intuyó que Beatriz y yo teníamos algo y preguntó sin miedo:

—Tú eres un elegido primo, vas de pibón en pibón. Y esta tal Beatriz, ¿qué tal es? Tú estabas casado y te liaste con esta mujer, a mí no me engañas.

—Yo le respondí ipso facto:

—Es el amor que ni tiene ni conoce límites, pero ella es diferente, con Beatriz puedes estar una noche o toda la vida. Es una mujer que si la ves desnuda, es capaz de desbaratarte para siempre.

Norberto miró con seriedad a su primo y le comentó:

—Por encima del amor está el honor. Tú deshonraste a tu mujer por estar con ésta otra. Lo teníais todo planeado. ¿No es así?

—No, para nada. Ha sucedido sin más.

Beatriz escuchó sin querer la pregunta de Norberto y mi respuesta. Pero se calló. Ella volvió después de acicalarse un poquito más.

Yo le comenté:

Ahora a impresionarla con la puesta de sol que la madre naturaleza nos cautiva día tras día con la desaparición del Astro Rey por el Cerro de las albahacas.

Siéntate, relájate y disfruta de una suculenta merienda mientras contemplamos la puesta de sol. Aquí los atardeceres son relajados y bonitos, saboreemos un buen café y contemplemos la grandeza de la Galaxia entre olivares.

Tras la complacencia del ocaso, una hora de charlas banales. Cenamos los tres.

A Norberto, había algo que no le cuadraba con la exmonja y sin el menor recato dijo:

—Yo creía que las monjas eran vírgenes.

Beatriz y yo nos miramos y sonreímos al unísono. Después Norberto se despidió con cierta sorna:

Dos minutos más tarde, Norberto y Eloísa se marcharon.

—Adiós, hasta mañana, que descanséis. —Los dos irían cavilando lo suyo, pero hay que dejar a las mentes que piensen lo que les dé la real de sus ganas.

Recapitulamos cuando nos quedamos solos. Volvimos a los postres.

Nosotros: Beatriz y yo, nos quedamos solos viendo la televisión. Hice *zapping* y descubrí la pelicula: Instinto básico. Yo la había visto, era un poco erótica, ideal para la ocasión. Hay una escena inolvidable cuando la actriz Sharon

Stone abre sus piernas durante un interrogatorio, de forma intencionada para calentar al policía Michael Douglas. Después de ver la escenita, a los dos nos dio un subidón de temperatura y ocurrió lo que deseábamos que ocurriera.

Al acabar la película, me fui a descansar a mi habitación, una suite, que Damiana, mi esposa, se empeñó en diseñar y construir en la casa del pueblo. Baño incorporado en el dormitorio, una cama matrimonial enorme con canapé, armarios empotrados. Todas las estancias gozaban de una luminosidad envidiable. Las paredes y techo estaban forrados de espejos que amplificaban el tamaño de todo. Sin duda, era el lugar estrella de la casa.

Allí estaba yo, solo, mirando el techo y recapitulando lo que me aportó y acució la llegada imprevista de Beatriz.

De pronto, Beatriz llamó a la puerta con cierta timidez:

—¡Pasa! —le contesté.

—Perdona que te moleste Nicolás, pero... es que me da miedo dormir sola en una cama desconocida.

Beatriz lucía un vaporoso batín negro de encaje transparente, ella sabía que el color negro era mi favorito. La Princesa de Dios vino con la idea clara de quedarse. Preparó el excitante momento, ella vaticinaba lo que ocurriría y que mi mente al verla de esa guisa afirmó que iba a ocurrir. Se acercó a la cama y dejó caer su decorativa ropa, al hacerlo, aparecieron unas medias de encaje, un mini tanga y liguero negro. Al verla semivestida, calentó más aun mis pensamientos afectuosos. Ella se bajó de sus tacones también negros. Yo le pregunté un tanto nervioso:

—Pero... ¿por qué me haces esto? —ella me contestó:

—Piénsalo —respondió ella.

—No será por aquel extrovertido comentario, cuando me preguntó Norberto y yo le hable de su brillante desnudez. Tú escuchaste mi respuesta.

Beatriz se suavizó y me comentó con voz dulce e insinuante a la vez que cimbreaba su cuerpo sugerente:

—Tú puedes ver mi cuerpo desnudo a cualesquier hora del día o de la noche. Pero antes debes de verlo con este uniforme de guerra — comentó Beatriz y dejó caer la bata de salto de cama.

Al oírla, entendí que su voz era un tanto taciturna. En ese instante, reaccioné, supe que decir para confortar a mi invitada. Tal vez enaltecido por mi imaginación por intentar averiguar lo que se ocultaba bajo su vaporoso velo trasparente de color verde oliva.

Ante aquella deseada pero inesperada situación le comenté:

—El amor no mira con los ojos, sino con el corazón.

Ella me miró fijamente y pasados unos segundos respondió con cara insinuante:

—Sí pero el primer paso lo dan los ojos y con el tiempo se llega al alma pasando por el corazón.

Ante aquella disyuntiva no me quedó más remedio que invitarla a compartir lecho con estas sencillas palabras:

—Pasa, acuéstate a mi vera, a mí me pasa lo mismo. Dormir solo en esta cama de dos ochenta, rodeado de espejos, la verdad, nunca me he acostumbrado a dormir solo.

Beatriz dejó caer su insinuante velo sobre la alfombra con delicadeza junto con el resto de sus atuendos y se acopló en mi regazo completamente desnuda.

Al verla despojada de sus vestimentas mi mente reaccionó y me insinuó:

—Creías que tu apetito sexual estaba viejo y decrépito por alcanzar el crepúsculo de la vida. Descubriste con regocijo que todo cambió, cuando tus pupilas vislumbraron el cuerpo desnudo de Beatriz.

La miré fijamente y le dije:

—Estás guapísima.

Ella respondió:

—Eres un buen adulador de mujeres.

Después de pensar que lo imposible es aquello que no intentas. Continúe echando madera, con el objetivo de avivar la llama del amor:

—Era libre e independiente hasta aquél día que te conocí, libre de vestiduras.

Mi mente no valoró las evidentes arrugas y los kilillos de más. Al verla así, al natural, fue impactante y reconciliador con nuestro pasado. La aptitud del deseo ordenó a mi cuerpo que podía enamorarse de nuevo de Beatriz —*Si es que alguna vez dejó de estar enamorada de ella*— y por supuesto, tener sexo con ella, era un deseo obcecado por la idea.

A continuación, seguí con mi ofuscada idea y le comenté:

—Yo pensaba que nadie podía acercarse a ti, no, no te rias que es de verdad.

Creo que los dos pensamos lo mismo:

—A partir de ahora nos dejaremos llevar por la magia de la imaginación y el poder de la naturaleza. Juntos viviremos un final de cuento en este rincón del Paraíso Interior.

Beatriz puntualizó:

—Sí, pero nada de una relación seria, en principio. Nos hemos venido arriba y vamos a romper con todos los estereotipos, hagamos lo que nos de la real de las ganas, aquí o en la "Conchinchina".

Yo, tras un instante, cerré la ventana de mi sonrisa y le comenté:

—El tiempo ha pasado demasiado rápido desde nuestro primer miramiento, cuando pensé que sería impensable acercarme a ti, Beatriz, mi Princesa de Dios.

—Nadie pensó que era fácil —contestó ella, sin dejar de sonreír.

—Ni tan difícil —le contesté yo.

Ella venía con la lección de la experiencia sexual aprendida, el joven inglés le enseñó a encontrar el punto H del hombre, para conseguir su máximo placer.

Fue un encuentro brillante e inolvidable que, ni uno ni otro, olvidaremos, ni desvelaremos aquí, el tamaño de su brillantez.

Siempre fui por la vida sin dobleces. Tal vez por esa manera de ser tan particular. Dejé pasar unos segundos para saborear lo acontecido y, la volví a mirar fijamente para decirle:

—Ahora debes ser sincera conmigo. Veo en tu mirada un secreto que quieres y no quieres ocultármelo:

—¡Venga, dime lo que tengas que decirme! Sé que no es fácil superar el pasado, pero debes decírmelo tanto si hubo miedo como alegría. Me vino a la mente otro de los misteriosos y desveladores misterios de la vida que don Eufrasio me comentaba:

—*Dios nos hizo a cada uno por un propósito que tenemos que descubrir.*

Ella me miró temblorosa con cara de preocupación —tal vez por mi reacción a la verdad—. Posteriormente me replicó:

—Soy más simple. Nunca pude ocultarte nada. Vine a decirte todo, pero después de lo ocurrido... me da miedo perderte de nuevo.

—Siempre supe observar una cara para averiguar si hay algo desconsiderado, adecuado o escondido en un recóndito lugar de la mente. Sé que me ocultas algo. Dímelo antes de que lo descubra, no tienes por qué padecerlo en solitario.

—Un día mi hijo Nico me preguntó quién era su padre biológico.

—¿Por qué te preguntó eso? —le pregunté yo alarmado.

—Porque, ni el inglés, mi marido, ni yo, nos parecíamos en nada a él.

—Continua —le dije de manera apresurada.

—No le dije la verdad, porque le aseveré que su padre era mi esposo. La verdad, no quise decirle nada hasta hablar contigo. Y hasta ahora, no he tenido la ocasión. No te dije nada por si te negabas a hacerte cargo del muchachote.

—¿Pero yo que tengo que ver con toda esta historia? —le pregunté un tanto nervioso.

Ella me miró con la seriedad de una monja que colgó los hábitos de Dios, por unas nuevas vestimentas y sonrisas por el amor de un hombre y me dijo sin reparo:

—Tú eres el padre. Nico, es el fruto de nuestro idílico amor. Tú me inseminaste aquél maravilloso e inolvidable día en el hotel. Nicolás, ahora entenderé todo lo que hagas o digas. La culpa fue mía. Quería tener un hijo tuyo. Alguien que naciera del amor incondicional que te tenía antes y que te sigo teniendo ahora. Ser madre de una criatura, era mi sueño, y que tú fueras su padre, mi anhelo.

Me quedé sin habla:

—¿Solo hubo una vez y te quedaste embarazada? —le pregunté.

—Sí, fue maravilloso llevarlo nueve meses en mis adentros, pensando si tenía que decírtelo o no. Mi marido nunca supo nada, aunque siempre dudó de su paternidad. Reconozco que no me casé con el inglés más inteligente.

—¿Nico lo sabe? —le pregunté.

—No, pero este muchacho es muy listo y al decirle que quería acompañarlo porque quería verte, él hizo uso de la antena de militar que lleva en su interior, y sacó conclusiones.

—Habrá que decírselo, él es el primero que debe saberlo. ¡Yo quiero que sepa que soy su padre! Quiero que sepa que tiene siete hermanos que viven en Barcelona y que son hijos de otra mujer.

—Estoy encantado de volver a ser padre a mis años, pero me gustaría hacerme la prueba de ADN.

—No te molestes, ya la he hecho yo, y te puedo asegurar que eres compatible con el de mi hijo Nico, con un 99,99%.

Pues en ese caso te diré que:

—Lo necesitamos a nuestro lado. Quiero que me ayude con mis proyectos. Deseo hacer junto a él, que los españoles desayunen con un extraordinario AOVE de la cooperativa. Un aceite picual de primera cosecha, un primer Virgen extra repleto de saborcillos naturales que nos trasladen al lugar donde yacen las almas de los guerreros Cartagineses y Romanos, almas que nutren los olivos en el Cerro de las Albahacas y sus aledaños.

—Dile que lo necesito a mi lado, dile también que me gusta madrugar, dile que pasear a la hora del silencio ayuda a despertar el organismo y afrontar el día con euforia de vivir, dile que suelo dormir unas cinco horas, más media hora de siesta en el sillón, no necesito más tiempo, dile que dormir es tiempo de vida perdido, dile que a veces corremos detrás de cosas que no existen, dile que la humanidad necesita estabilidad mental con urgencia y, dile también que entre otras muchas cosas, los mayores ofrecemos experiencia gentilmente, dile que cuando yo era joven, a los mayores los teníamos idolatrados por entender que eran símbolos de sabiduría, dile que el mundo se rige por dos categorías: los nacidos para servir y los nacidos para ser servidos, dile que el mundo funciona bajo la tutela de la jerarquía, dile que en el comercio es el lugar donde más se aprende de la gente, dile que de lo fortuito nace el conocimiento, dile que salvaguardaremos nuestro rincón del paraíso, sin olvidar que la tierra seguirá dando vueltas alrededor del sol, dile que con su ayuda crearemos un clima de simpatía y comprensión. Dile también que, entre todos, conseguiremos un mundo mejor con la ayuda impetuosa y osada de la juventud. Díselo por favor, díselo.

—¡Ah! Dile también que tiene por madre a la mujer más maravillosa que su padre ha conocido.

—Dile que no sé cómo lo hace su madre para mantener un estilo perfecto las veinticuatro horas del día.

—Dile también que me encanta ver a su madre descubrir una solución fácil para lucir su look más adecuado.

—Dile que, fruto de las incipientes miradas lujuriosas de su madre, despertó en mí la idea de sucumbir a los placeres de la carne.

Beatriz, que permanecía en silencio cautivado por tantos *diles*, no pudo callar y le recriminó diciendo:

—También le diré que fui cautivada por tus perseverantes miradas seductoras.

—Dile que mi primera mujer, me traicionó. Pese a esa deslealtad, yo nunca dejé de amarla pese a su humillación. Y por último, dile que yo, su padre, nunca quiso amar a otra mujer que no fueras tú.

—Solo espero no oírle decir lo que mis hijos me dijeron:

—Esa España de la que usted me habla, yo no la he conocido.

—Está bien, se lo diré. —¿Y Damiana? —me preguntó Beatriz.

—Esa bala la disparaste al corazón, sabedora que los cuernos nunca se olvidan, vengan de donde vengan. Pero te diré algo sobre mi mujer:

—Damiana es toda una dama. Cuando Dios hizo a Damiana se pasó en condiciones. Ella es ejemplar en todos los aspectos. Pero... hay una cosa que no miente:

—*El amor es la lealtad por excelencia.*

—Por ahora, dejaremos ese asunto apartado, aunque no descartado.

Soy de esos andaluces que en Cataluña, hacen que me sienta como un enemigo de los catalanes, nada más lejos de la verdad, y en mi pueblo, después de tantos años, me siento un simpatria, cuando escucho:

—Ya vienen los extranjeros.

Beatriz, con la mirada apartada de su cara, como avergonzada me comentó:

—Me has levantado del suelo, me sacaste de las sombras. Y continuó diciéndome:

—Yo, que perecí al deseo de la carne antes del matrimonio con el que fuera mi esposo. Te revelaré que lo hice pensando en ti.

De pronto, me vino el recuerdo del día que Beatriz me confesó que se creía vivir en pecado, cuando dejó de vivir con pureza. Fue un día que no olvidaremos en la vida.

La miré sin tapujos y sonriendo le dije:

—Tú siempre estuviste en mis pensamientos de almohada.

Le cogí la mano y sin dejar de sonreír le comenté:

—Conseguiremos que todos los días sean memorables.

Ella se apoyó en mi hombro y entre sollozos me indicó:

— Todo llega en la vida para quien sabe esperar. Ahora lo que toca es pasar página...

Yo le indiqué lleno de júbilo por lo oído:

—Huimos de la naturaleza sin dejar de amar la tierra. Por esa razón quiero que sepas que cuando llegue mi hora, así quiero que se me recuerde:

AQUÍ HAY UN HOMBRE

QUE EMIGRÓ Y 60 AÑOS

DESPUÉS SE REPATRIÓ.

—O en su defecto, cuando llegue mi momento óbito, quiero que mis cenizas se esparzan por los olivos del Cerro de las Albahacas, como buen Baeculano que soy. Descendiente de romanos. Los que ganaron la gran batalla, naturalmente. Soy un triunfador de nacimiento y de convicción.

—Buenas noches cariño. Tengo sueño, hoy ha sido un día muy ajetreado —indicó Beatriz con los ojos semiderruidos.

Ambos se abrazaron e incluso roncaron juntos sin importarles los ruidos de sus resuellos.

Al día siguiente, Beatriz entró al despacho donde trabajaba en mi nuevo proyecto.

Ella apareció destacando su rostro femenino, los pómulos se los había definido de tal forma que su cara me pareció más alargada. Sin abrir la boca, vi sus labios hidratados y con brillo, haciendo juego con el color de su piel. Me quedé deslumbrado por la intensificación de su mirada.

Es tan hermosa que por un instante, pensé que se trataba del mismísimo Diablo, hasta el perfume que la noche anterior me cautivó, hoy me pareció oler a azufre. Después de mis personalizadas valoraciones, dejé que mi mente se hiciera cargo del presente y le dije con mi voz de diablo enamorado:

—Hoy estás más atractiva que anoche.

Beatriz se quedó quieta, escarbando en su memoria para encontrar la frase adecuada y sin dejar de mirarme me comunicó:

—Será porque anoche me viste desnuda.

Eloísa que estaba pendiente de cuanto acontecía en la habitación, se dirigió a la huésped con impudicia para preguntarle con voz de antipática:

—¿Quiere desayunar?, señora.

—Sí, tomaré café con don Nicolás —contestó Beatriz con sonrisa satisfactoria, como diciéndole:

—¡Jódete nena! —Cosas de mujeres que siempre ven rivalidad entre ellas—.

Desde el principio de la aparición misteriosa de Beatriz, ni una, ni otra se soportaban.

Ya en el desayuno. Al verla y quedarnos solos le dije a Beatriz:

—Hubiera sido bonito vivir estas experiencias con 50 años menos. —Ella me miró y dijo sin el menor vacilo:

—Me gusta envejecer lentamente, no me cambiaría por la muchacha de hace 50 años.

—Pues... yo no estoy tan seguro. Ya nada es igual que antes.

CAPÍTULO 8

Al toque de campanas, nos enteramos de la primera víctima por el vil virus del Coronavirus en el pueblo. El sonido pausado e intercalado de las campanas dieron la noticia. Sonaron a muerto para que los ciudadanos nos enteráramos del fallecimiento de un paisano.

Un día relevante. Hasta ahora, lo veíamos en TV, una morgue terrible, pero la mirábamos desde la lejanía, nunca tan cerca. Hoy empezamos a ponerle nombre a los muertos, aquí, en nuestro entorno. La situación de pánico era generalizada y por ende terrible.

Vivimos entre el problema y el drama continuamente. Eso no era vida. Las mentes de los ciudadanos del mundo estaban bloqueadas por considerar una situación absurda e inexplicable y por supuesto, insostenible. Son fechas para no olvidar.

Pero la vida sigue y el instinto de supervivencia del ser humano hizo presencia en nuestra mente e intentamos continuar con nuestros quehaceres rutinarios.

La novedad que viene.

—Un día más o un día menos, aquí estamos, dispuestos a contemplar otra bella y rojiza puesta de sol. Posiblemente la mejor manera de terminar un día intenso y olvidadizo como el de hoy.

—Nicolás, has convertido en una necesidad placentera ver el crepúsculo cada jornada. Vengo cada día a tu casa pensando en el oscurecer y las vistas contemplativas. Bueno, el café y la torta de chicharrones que nos prepara Eloísa, también contribuyen lo suyo —comentó Norberto con una sonrisa.

—Si observas cada puesta de sol, es única, cada día aparecen unos colores y matices diferentes. Son experiencias vitales para la edad que ya tenemos. Piensa que cada jornada que pasa pensamos menos en el futuro. Solo nos queda el disfrute del presente.

Es hora de dar culto al cuerpo y a la mente, piensa donde estamos y como vivimos aquí. Hacerlo desde este lugar unos minutos antes del crepúsculo es todo un privilegio al que solo unos pocos tenemos a nuestro alcance.

Eran las seis y media en punto cuando apareció la joven Eloísa luciendo su habitual y exuberante expresión, con la bandeja que portaba la esperada merienda. Se acercó a la mesa y dijo con voz complaciente:

—Buenas tardes señores, aquí tienen sus tres cafés con leche templadita con su correspondiente torta recién sacada del horno.

—Gracias Eloísa —le dijo educadamente mi primo. Yo le comenté a continuación:

—Otra barbaridad de los catalanes que no sabías primo:

—Algunos empresarios de Cataluña juegan con fuego. La mismísima Cámara de Comercio, Industria y Navegación de Barcelona a través de su máximo representante, exige que *Cataluña merezca la independencia*. Es una incoherencia detrás de otra.

—Lo que está por venir y ha de suceder con el tiempo, nosotros tal vez no lo veremos —

comentó con resignación mi primo Norberto. A lo que yo contesté:

—No digas eso porque yo no pienso morirme joven. Cuando pienso en el futuro, veo coches voladores, veo fármacos que prolongarán la vida, veo viajes por el universo, veo un robot en casa como uno más de la familia, veo coches y aviones que funcionan con hidrógeno. Todo está preparado para que los perros no hagan caca en las calles. El futuro se está fraguando como si de una utopía se tratara. Todo esto se conseguirá si somos capaces de dejar atrás diferencias inútiles entre pueblos y regiones del mismo país. Es más, y espero no pasarme de optimismo con lo que te voy a decir:

El presente es esperanzador por la realidad de los hechos. España necesita que cada ciudadano sea capaz de desarrollar su máximo potencial, porque ya disponemos de una tecnología que asusta y que actúa como si de magia se tratara, me refiero a la nanotecnología.

Todo esto lo tenemos ya, está en la misma entrada de la puerta. —Y continué con mi optimismo contractado, detrás de la interrupción de Norberto.

—Sí pero nosotros estamos en la puerta de salida. Nicolás, no seas iluso, piensa que nuestra vida está vivida, gastada y casi acabada.

—Tú y tu pesimismo conservador, siempre piensas lo peor —le dije un tanto enfadado. Inmediatamente le expuse con severidad de docente:

— El mundo ha aprendido a manejar las incertidumbres priorizando sus acciones. Hoy, la gente sabe qué hacer y cómo actuar sin necesidad de que salga el político de turno para decirnos que hagamos esto o aquello.

—A veces nos parece que el presente no está a la altura de lo que esperábamos; pero si miramos a nuestro alrededor y retrocedemos unos años veremos una cantidad de artilugios que ya no utilizamos. Y todo lo vemos de forma más rápida en internet. El mundo crece muy deprisa. Tenemos muchas cosas que hacer y que aprender. Y continué con mi discurso retroactivo dándole un toque nostálgico:

—Siempre supe quién era y de donde venía. Como tú sabes, crecí en un pueblo donde no había agua corriente, con una madre que me inculcó los valores que me convirtieron en un empresario atípico, pero siempre desde la humildad que don Eufrasio me inculcó.

Norberto me miró un tanto extrañado e insistió en su particular manera de ver las cosas:

—No digas que soy un pesimista, porque no lo soy. Soy realista. Tú, por ejemplo: ¿A qué viene esa manía tuya de poner una taza de más cada día mientras vemos la puesta de sol? Toda vez que ella ya está aquí, cohabitando contigo. ¿Acaso crees que soy tonto? —Por cierto:

—¿Cómo es ella?

Preocupado por lo que me dijo Norberto, le contesté un tanto irritado pero con serenidad:

—Ella es diferente, con Beatriz puedes estar una noche o toda la vida. Es una mujer que si la ves desnuda es capaz de desbaratarte para siempre. A sí que, mi querido primo, siempre supe que ella volvería algún día. De hecho, no creo que tarde demasiado tiempo en aparecer. —Inmediatamente después, le cambié la conversación.

—Por cierto, tú sabes que hay diferentes maneras de conocer a una compañera de viaje. Tú como conociste a tu dueña:

—Fue de casualidad. Todos los días cogíamos el mismo autobús a la misma hora para ir a trabajar. Y... a los dos meses de viajar juntos y de mirarnos con ideología de deseo, semana tras semana, ella dio un paso más. Un día cualquiera e inesperado por mí, me guardó el asiento a su lado y ahí empezó todo.

La invité a tomar un refresco. Nos sentamos frente a frente y los dos respondimos una serie de preguntas cada vez más personales, luego nos miramos recíprocamente en silencio a los ojos durante cuatro minutos sin decirnos nada: seis meses más tarde, nos casamos enamorados como dos adolescentes. No celebramos la boda con banquete ni nada, por eso no te invité. Al mes siguiente, ella se quedó embarazada.

—Menos mal que fue ella la embarazada. Le dije con cierta sorna.

—¿Y tú? —preguntó Norberto.

—Lo mío fue una sorpresa. El mismo día conocí a toda su familia. Damiana, era tal y como es ahora: hermosa y distinguida. Coincidimos los dos en el tren, el mismo día que me vine a Barcelona. Allí, en el tren nos miramos, nos tocamos y nos enamoramos, como lo que éramos, dos adolescentes como vosotros.

Lo nuestro fue un amor a primera vista con roces incluidos. Nos despedimos en la estación del tren y pasó más de un año hasta que nos volvimos a ver, y ahí, supimos reaccionar y nos hicimos inseparables. Damiana sabía que yo sería su abanderado. Yo supe que ella sería mi compañera para siempre.

Ahora, la gente joven lo tiene más fácil, todo se simplifica a las redes sociales, no solo como un simple pasatiempo sino como un mensaje y ya sabes, si quiere o no quiere.

Y ahora, aquí estamos con el ánimo subido por los días de luz pero tristes por la añoranza de la compañía femenina en las noches oscuras del alma.

Norberto se quedó mirando y con cierto tonillo *jodioporculo* me replicó:

—Bueno... todos tristes, menos tú, ¡canalla! —y continuó diciéndome en el mismo tono, dejando su mirada perdida:

—Sí pero yo siempre he querido ir como las nubes: de aquí para ya, sin ser de ninguna parte.

—¡Pero hombre de Dios!, eso es una contradicción. Tu tierra es siempre la elegida por ser como es y estar donde está. ¿A qué viene ese genérico de aquí para ya, sin ser de ninguna parte? —recriminé con pregunta retórica a mi primo.

Él contestó:

—Nuestra generación nació en la guerra civil y se crio en la posguerra. Todos nosotros valoramos por este orden: un plato de comida, una casa propia y un trabajo fijo. Todos pensábamos lo mismo ya fueran rojos, blancos o azules.

—Sí, primo sí, pero ahora estamos asistiendo a la cuarta revolución industrial basada en la electrónica y la informática para promover una producción automatizada. En la era contemporánea: final del siglo XX y principio del XXI. Hay mucho que hacer. —Le dije mi opinión al respecto de lo que acontecía. Y, continúe diciéndole:

—En Santo Tomé, hay muchos pequeños tesoros que deberíamos conocer para crear una infraestructura turística basada en el desarrollo rural y natural, en el propio entorno, aquí, en nuestro pueblo.

Norberto con sus palabras asumió que él ya disfrutó de las mieles del amor. Su tiempo en ese campo estaba baldío.

Unos segundos después, se presentó ella. Los dos intercambiamos miradas cómplices que hablaban por sí solas. Ella comentó:

—Tengo infinidad de ideas para emprender y hacer desde aquí.

Yo la seguí mirando con admiración y le comenté:

—Todo llegará pero en su momento. Ahora contemplemos el colorido que nos ofrece con su amplio abanico cada día con la puesta de sol. Disfrutemos de este momento irrepetible. Esa misma frase le dije a mi mujer Damiana el año que fuimos a Viena. De todos mis viajes y disfrutes de vida con Damiana, el más destacado para mí, fue el año que asistimos al concierto de Año Nuevo en Viena. Cuando me vi sentado en la Sala Grande o Sala Dorada de la Sociedad Musical de la capital austríaca —allí me creí una persona importante— fue una experiencia que siempre recordaré como una gran ambrosia.

Beatriz no desaprovechó la ocasión para decirme:

—Pues a ver cuándo me llevas a mí también. Yo le respondí con gran gratitud a

Beatriz pero con cierto recato por si no podía conseguir las entradas:

—Mi querida Beatriz, ni te imaginas lo que cuesta conseguir una butaca, es casi imposible. Beatriz respondió con la sabiduría que caracteriza a una mujer enamorada:

—Quiero ver y escuchar la Marcha Radetzky y hacer palmas en esa Sala Dorada. Nada me haría más feliz que estar allí un día contigo a mi lado.

Norberto pensó:

Al final me veo de carabina en Viena escuchando una música que a mí nunca me gustó.

Capítulo 9

Mientras esperábamos impacientes que la empleada nos trajera el café, acompañado de su correspondiente torta de chicharrones para merendar, quedamos los dos en silencio sepulcral. Mutismo que yo aproveché para recapacitar:

—Conseguiremos invertir el éxodo rural atrayendo a jóvenes emigrados, hijos de emigrantes locales con mi proyecto de inversiones sin compromiso. ¿Por qué los jóvenes deberían volver de manera incesante a los respectivos pueblos de sus ancestros? —Y continué diciéndole a Norberto:

—Verás primo, lo que ocurre es que en demasiadas ocasiones, los políticos, medios de comunicación, dirigentes empresariales, empresas y la propia sociedad civil, hemos ignorado la precariedad que arrastran los más jóvenes desde hace muchos años. Por eso estamos aquí. Aunque ahora mismo, no sabría qué contestar a la pregunta: ¿volverán o seguirán en sus sitios donde valoran el ocio y la multitud?

La vida de aquí no la conocemos, ahora todo es diferente. Pero la de allí sí que me la sé. La gente que no somos de allí, huimos de un *crisol* de razas, de gente diferente, de culturas, de etnias, religiones, ilusiones, fracasos, mierda y muerte. La gente allí malvive desde hace mucho tiempo. Y lo que es peor aún:

—Me he dado cuenta que no se puede componer lo que está quebrado por dentro.

Recuerdo con tristeza, por el trato recibido por unos pocos ignorantes e idiotas de allí, que nunca supieron valorar lo que los emigrantes aportamos realmente a Cataluña: juventud, ilusión, ganas de hacer, de llegar a alcanzar un objetivo, crear una familia, algo que ya no podremos recuperar en lo que nos quede de vida —comentó Norberto. Y en seguida prolongó sus observaciones:

—Los trabajadores andaluces al igual que los emigrados de otras latitudes de España, éramos labradores o albañiles armados de coraje, sin miedo al trabajo en general, hombres de baja estatura, morenos y delgados, pero robustecidos por el trabajo duro del campo y de la obra. Llegamos preparados para darlo todo sin especificar oficio, nuestra polivalencia fue demostrada por la forma de adaptarnos a trabajos y costumbres desconocidas. Fue una proeza heroica que jamás nadie de allí nos reconocerá. Para muchos y cada vez más, seguimos siendo unos *charnegos de mierda.*

—Tienes razón primo. Por eso estamos aquí, en nuestra casa. Yo, renuncié al prestigio empresarial con un reconocimiento de peso: No me compensaba seguir haciendo locuras para ganar más dinero. La situación actual en Cataluña, me creaba ansiedad, estrés, insomnio...

De pronto, el silencio volvió a hacerse notar:

—Apareció Eloísa luciendo una vez más su sonrisa esplendida que tan generosamente nos regalaba cada tarde, acompañada con la deseada merienda.

Al segundo, me preguntó Norberto, rompiendo el profundo del mutis:

—¿Por qué estamos aquí primo?

A lo que yo le contesté con la frialdad que nos caracteriza a los ricachones.

—Hemos vuelto porque hemos querido repatriarnos en casa. Huimos de la violencia callejera que están implantando en Cataluña. Huimos del vandalismo, de los alborotadores, de los saqueadores, de los encapuchados, de los continuos disturbios, de los incesantes altercados, huimos de los que lanzan bengalas, petardos, cócteles molotov, piedras, aguarrás, pirotecnia, pintura y otros objetos incendiarios a la línea policial que intenta dispersarlos.

—¿Y cuál es la solución, primo?

—El gran problema de la democracia es la pereza del político a comprometerse. El político está ahí por unos sustanciosos ingresos y por aparentar en un sillón que la mayoría no debería ocupar.

—Si, pero mientras tanto, la sociedad vive angustiada, la gente ansía esperanza por una vida en paz.

—Sí, es cierto, pero sin hacer nada para alcanzarla.

—Yo personalmente, a esa gentuza les obligaría a pagar los daños ocasionados a sus familiares directos, ya que los camorristas se declaran insolventes. Dado que el dinero es el problema, solucionémoslo sacándoles el dinero. La *pasta* es la solución para Cataluña.

—¿Y por qué no lo hacen?

—Porque les restarían votos y su privilegiada situación se vería amenazada en las próximas elecciones. Viven por el voto y gobiernan pensando en el voto, no en el votante que los puso ahí.

—Sí pero... así, el dinero se acabará y entonces viene la pregunta del millón:

—¿Deben pagar más impuestos los ricos?

—El rico es rico porque no se gasta su dinero. Y si el usurero ve amenazado su capital huye ipso facto. El rico pertenece a una casta especial; ellos anteponen su dinero a cualquier otra cosa, nada tiene más valor para él, que su dinero.

—La gente se mete con los bancos porque es donde está el dinero. No hay más.

Tenemos que estar preparados, porque habrá días que nos llamen fachas y rojos por la misma cuestión.

De repente, me vino a la mente una reflexión de aquí te espero:

—Allí se está creando un ambiente tan hostil que no hay persona humana que lo resista. Los radicales aupados y protegidos por los partidos llamados anti-sistemas han creado una especie de secta peligrosa, perfectamente organizada. Su ocultismo es tal, que hace imposible entrar a los servicios secretos del país.

Y lo que es peor aún, nadie sabe cómo acabará todo esto.

Esto ocurre por vivir en democracia —la mejor manera de ser gobernado— les dije con cierta ironía. Y continué con mi demagogia particular:

—Una democracia con leyes más comprometidas, mandarían a la policía o el ejército para que acabara a tiro limpio. Negocios saqueados, calles ardiendo... eso se ha convertido en una guerra. Y la guerra se combate con la guerra.

Tristemente el mayor fracaso político de la historia de España es el —independentismo— que bajo la expresión de libertad, zarandean las débiles mentes de los jóvenes para que quemen contenedores al grito de:

—Patria, libertad y vida.

Ese paternalismo escabroso que llena de rabia a los jóvenes, ha enmarcado las batallas campales de los últimos tiempos en Cataluña. Actualmente estamos ante una explosión perfectamente comprensible de malestar por parte de los jóvenes.

Les han hecho ver que, tras sus acciones revolucionarias vendrá un bienaventurado futuro para todos ellos y para alcanzar ese objetivo hay que seguir destruyendo más comercios, más cristales o más mobiliario - urbano. Ellos están convencidos que su actitud es necesaria para que les escuchen y permitan seguir en lo que más les gusta hacer, no es otra cosa que —vaguear—.

Lo peor de todo, es que la policía autónoma está empezando a creer que no pueden con ellos, sobre todo porque algunas autoridades *competentes* se han subido a la ola indecorosa de los aprovechados camorristas.

Mientras todo esto ocurre, el señorío catalán empuja desde su confort pero con desidia participativa a la opinión nacionalista de seguir con su inútil desbarajuste.

—Bueno ahí lo dejamos por hoy. Vamos a contemplar el atardecer, la fenomenal puesta de sol que apunta a belleza, disfrutemos de la hermosura que nos regala el cielo con ese color rojizo que vemos cada día en exclusiva unos cuantos elegidos que vivimos en paz y en silencio en este rinconcito del paraíso.

Me vine porque quise hacerlo, y por no permitirle sufrimiento a mi conciencia ni un día más. Al principio, me llamaban charnego y por eso, me consideraba un simpatria, al límite de sentirme un apestado. En los años de bonanza económica, a los de allí, les dio un subidón, se sentían superiores a los no nacidos en aquella región, fue cuando me sentí un apátrida en mi propio país.

Actualmente, allí, o eres un independentista o no eres nadie. Unos cuantos listillos de un tiempo a esta parte intentan monopolizarlo todo.

Desde que llegaron las autonomías, la relación entre catalanes y el resto de españoles no son de mi agrado y mucho menos del suyo. No aguantaba más y decidí volver al lugar donde nací, donde nunca debería haber salido.

—Cataluña está en manos de cuatro elementos que quieren salir por la esquina de la ventana española —comentó Norberto un tanto enervado por lo percibido. Yo le comenté:

—No son cuatro desgraciados, son la élite catalana. Ellos lo quieren todo. Tienen el dinero y necesitan el poder absoluto y por esa razón están esparciendo odio de manera indiscriminada a su alrededor.

El independentismo, y concluyo, ha degradado y condenado a Cataluña a un proceso irreversible de autodestrucción. Lo hacen mientras los políticos estatales miran incomprensible hacia otro lado por un puñado de votos. Al final, la locomotora que tiraba del convoy nacional acabará estrellándose, y Cataluña, acabará entre los escombros del accidente premeditado.

Y como decía don Eufrasio:

—*Creer mucho es mejor que creer poco.*

Termino diciéndote:

—Los políticos y sus adláteres están cada vez más pomposos... y, por ello, más mentecatos.

Norberto se quedó mirándome y denunció:

—Volver a la casilla de salida como cuando nos fuimos, ¿tú crees que es lo correcto?

—Ya era hora de vernos las caras. Le repliqué.

Todos queremos que nuestros hijos tengan más de lo que nosotros tuvimos. Por esa simple y llana cuestión, no deberíamos de habernos repatriado —comentó Norberto con cierta nostalgia por sus descendientes.

—En este mundo, si quieres triunfar no puedes rendirte a la primera de cambio. Porque lo importante no es el camino sino el destino. Si dejamos a los jóvenes a su libre albedrio tendrán una vida de crápulas —le contesté al bueno de Norberto.

—Sí, pero aquí, me siento como un forastero en mi propio pueblo. No sé qué hacer, ni qué no hacer. La gente habla en los bares y en las esquinas, de la cosecha de aceituna, de la cura del olivar, de la poda y leña, de la recogida de la aceituna, del rendimiento, de las subvenciones que vienen de Europa y como no, de la liquidación de la cooperativa.

—Démosle tiempo al tiempo y hagamos lo que hemos venido a hacer aquí.

Eloísa, al ver que las miradas iban dirigidas a su escote, pensó:

—El hombre siempre será hombre: Transparente y básico como el asa de una cubeta.

Y lo que ella y otras muchas mujeres como ella no saben, es que esta certeza forma parte del adoctrinamiento sexual, que el hombre lleva en sus genes desde mucho antes de nacer.

Beatriz que se encontraba abstraída por la conversación de los primos nos dijo con voz de monja enfadada:

—Me vine huyendo con mi hijo, porque lamentablemente, ser emigrante de alguna región pobre de España y mujer es una desgracia vivir en Cataluña pese a las apariencias que quieren que veamos.

—Y como ocurre en muchos sitios del mundo, sigue habiendo cierta fobia y menosprecian a las mujeres —le respondí a Beatriz. Y continué con la palabra:

—Cuando llegué a Barcelona, allá por los años 50, Barcelona lucía con orgullo el perfil de ciudad acogedora, progresista y vanguardista. Esto continuó así, hasta los gloriosos años 70 que volvió a sacar pecho por sus ferias y congresos. Hoy, cuando todo parece que es mejor, la gente odia a los "charnegos" y a ellos mismos. Pabellones feriales son asaltados por una chusma de jóvenes que destrozan cristales con señales de tráfico reutilizadas cual artefactos, carbonizan vehículos e incendian árboles que llevan allí desde la época ancestral, sin olvidarnos del mobiliario urbano. Las noches acaban con heridos con arma blanca y fracturas. Y mientras que todo esto ocurre las autoridades siguen mirando para otro lado como el que escucha llover.

Ahora y llegado a este punto gritar conmigo:

—¡Sálvese el que pueda!

Capítulo 10

Unos años más tarde, los siete poderosos volverán a reunirse.

El representante ricachón y dominador de laboratorios esparcidos por el mundo comentará a sus amigos salvadores del planeta, antes de sentarse:

—Lo tenemos todo calculado. La creación del nuevo coronavirus está preparado y dispuesto para ser esparcido por el mundo. Es una variante que se escapará de todas las vacunas habidas y por haber. Es un arma tan grande y potente que en menos de dos meses el mundo entero temblará. Las muertes llegarán por doquier y nadie sabrá de donde y porque les vino.

Ahora solo hace falta saber cómo esparcir las partículas por el mundo.

—El astuto militar comentó con voz de mando:

—Tengo un equipo de mi confianza preparado para la ocasión, será fácil.

—Me dais tanto miedo que he empezado a rezar por los desaparecidos por el destino. ¡Por mí que empiece el apocalipsis! —comentó el representante religioso.

Por mí, que empiece la pandemia de la guerra biológica más letal de la historia — definió el crack informático y más rico del mundo.

—Yo vuelvo a reincidir en la discreción, nadie debe sospechar que este maléfico instrumento de destrucción masiva ha salido de un laboratorio. ¡Entendido! —dijo de manera enérgica el representante político del país más importante y poderoso del mundo.

El magnate de tecnologías vanguardista, un señor de edad avanzada, comentó sin pudor:

—Es hora de disminuir la superpoblación del mundo. Necesitamos acabar con más de 2.000 millones de personas. Y deben predominar en el exterminio los más mayores, los inservibles que además necesitan cuidados y más cuidados. Por mí adelante con el plan.

El responsable de la economía internacional comentó:

—Estoy totalmente de acuerdo con todos vosotros me parece brillante lo que hemos planeado. ¡Hagámoslo sin más preámbulos!

La reunión que marcará el mundo durante una década, duró menos de una hora.

Todos viviremos bajo la amenaza del virus, acabamos de empezar la era del miedo.

El virólogo repartió un dosier con la nueva variante encriptada en el virus covid19. Se trata de una nueva variante que cuando los periodistas hablen, la gente escuchará o leerá palabras desoladoras.

—Cerca de un millón de nuevos casos de coronavirus diarios en el mundo al circular el virus a una velocidad sin precedentes. Esta información atemorizará hasta el más valiente de los valientes. Pero si además aseveran que la *benévola* variante se alía con las variantes más mortíferas, la cagalera estará servida.

Pero el sueño sin venir a cuento cambió de trayectoria y dilucidó:

—Cuando la mayoría pensábamos que la nueva variante Ómicron sería la apoteosis de la pandemia, resulta que un grupo de científicos y virólogos aseguran que Ómicron va a hacer las veces de la vacuna para los no vacunados, negacionistas incluidos, pondría el punto y final de la pandemia. Increíble.

— ¡Eh! Cariño, despierta, despierta.

— ¡Qué pasa! —grité.

—Ya está, no es nada, has tenido una pesadilla. Ya pasó todo.

—Que susto. Soñaba con otra pandemia más letal que LA COVID19.

—Es hora de levantarse. Te prepararé el desayuno.

Beatriz se acercó a la cocina y ordenó a Eloísa que preparara el desayuno para los dos en la terraza. Les gustaba degustar el alimento mañanero bajo los primero rayos del sol.

Media hora más tarde llegó Norberto. Nos sentamos en la biblioteca y empecé a vagabundear comentándole mis dichos:

—Primo, un día caluroso, es un momento propicio para dar rienda suelta a la imaginación. La fantasía del hombre es tan libre y espontánea que puede imaginar hasta su propio entierro e incluso utilizar el cruel momento como un afrodisíaco. Los hombres cada dos minutos pensamos en lo mismo.

—¿Qué es en lo mismo? —preguntó Norberto con cara de iluso.

—En el sexo, en qué va a ser. Esto nos viene implícito en nuestro ADN, por nuestra condición de hombre.

—Tenía que romper el silencio primo. Por esa misma cuestión déjame decirte:

—La vida lleva incluido cometer errores y cuando te haces mayor como nosotros, te arrepientes de no haber cometido más errores.

—Es verdad. Yo era de los que decía a mi gente que cada fiasco nos enseñará lo que necesitábamos aprender —comentó Norberto dándole un tono poético a aquel asunto intrascendente.

—Recuerdo cosas de mi niñez y juventud con cierta melancolía. Por ejemplo:

—Me viene a la mente cuando era un zagal y dormía con mi abuelo en la era, sobre la paja. Me gustaba mirar hacia las estrellas y me preguntaba si habría vida ahí arriba.

—Ya no es mi fantasía, ahora, que estoy en la sala de espera de la consulta de San Pedro, mi ansia es real y lo vuelvo a preguntar: ¿habrá vida ahí arriba?

El bueno de Norberto, se quedó un poco confuso y reaccionó diciendo:

—No metas el dedo en las llagas de nuestra juventud. Mientras que hablabas y decías esas cosas místicas, yo escuchaba el silencioso ruido de fondo y lo comparaba con lo oído en las noches de trifulcas de la gente, auspiciada por los políticos a que quemen contenedores, rompan escaparates y roben en comercios en Barcelona.

De repente apareció la palabra mágica para mí, y extraña para otros:

—Baeculeano— es mi seudónimo en redes sociales. Este nombre me hace sentirme victorioso. Soy como el General de todos los ejércitos de Roma en la época de su mayor esplendor, el mismo que defendía la verdad para que la justicia prevaleciera. Y, ¿qué me dices de los que atacan el idioma español para defender el catalán? Mal asunto, falta de miras de los que embisten.

—¿Qué mal te hemos hecho para que nos castigues con las historias de tus heroicas batallas ancestrales? —comentó Norberto harto de escuchar lo ocurrido en el Cerro de las Albahacas. A lo que yo le respondí:

—Es el reencuentro de la memoria con lo acontecido lo que nos hace diferentes. No te me vayas a comportar como un repatriado postergado. Ahora déjame decirte otro hecho histórico aunque más reciente:

—Gracias al momento estelar del rey don Juan Carlos, cuando ordenó a los militares que abortaran el intento de golpe de estado. España es lo que es hoy. Lo hizo por TVE y vestido con el uniforme de Capitán General de todos los ejércitos, como el distinguido Publio Cornelio Escipión, el Africano: Capitán General de todos los ejércitos de Roma.

Norberto que es un tipo muy sabio enseguida se dio cuenta que había que cambiar la conversación y me dijo:

—Oye Nicolás, ¿cómo te hiciste tan amigo del alcalde de Barcelona?

—Las circunstancias nos obligaron a ser amigos. Nada más —le contesté escuetamente. Pero inmediatamente continué:

—Imperó el derecho a la responsabilidad por el bien de la empresa y la familia. El objetivo, el dinero, eclipsó o priorizó el resto de mis objetivos, siempre fue una de mis máximas. Igual que las de mi amigo el político. El poder del dinero era lo que nos unía. Él, aceptó mi condición de Charnego desde el principio junto a mi edad, con todos los beneplácitos que acompañan los años de juventud.

Mientras yo alardeaba de piel lisa y tersa, propia de mi edad a él lo delataba su tiempo vivido, los pelos en las orejas, arrugas en la cara y el aumento descarado de los lóbulos de las orejas y su escaso pelo blanco.

—¿Mereció la pena ser amigo de un político? —preguntó Norberto. Yo sin pensarlo le respondí sin vacilar:

—El poder da mucho de todo. No tenía más remedio que pasear con él si quería avanzar hasta alcanzar el liderato de empresario ejemplar. Mis éxitos los atribuyo a la perseverancia en mi trabajo y a su amistad.

—Está bien, yo sin embargo, veo el camino al futuro y creo que es este: he vuelto a sentir, oír y oler *la naturaleza* "a ciegas". Siempre el medio ambiente propone oler las higueras, los cascotes y las malvas, escuchar las culebras arrastrándose, pájaros volando, estamos en el lugar idóneo para escuchar las aves diurnas y nocturnas, estamos en el territorio apto, ya que el entorno así está diseñado desde tiempos ha. Después, Norberto me preguntó:

—¡Quién es el padre del muchachote de la huésped?

Beatriz escuchó la pregunta y sin sonrojarse lo más mínimo comentó:

—He guardado en silencio el mayor de mis secretos:

—¿Quién es el padre de Nico?

Se paró, pensó y soltó la bomba que muchos sospechaban:

El padre de mi hijo Nico, era un hombre casado cuando me dejó embarazada. Yo sabía que no podía estar con el hombre al que he amado desde siempre, porque en aquel momento estaba con otra mujer.

Ese hombre sigue casado y jamás desvelaré el nombre del padre de Nico hasta que siga ligado su nombre al de su mujer.

Yo ya lo sabía, lo que ocurre es que ignoraba la intencionalidad de Beatriz y cambié la conversación:

Algún día haré volver los peces y los cangrejos para poder ver resurgir el Guadalquivir con toda su magnificencia. Revitalizaré sus aguas mansas para que vuelva a ser una zona importante con un alto valor ecológico y medioambiental.

Invertir en recursos medio ambientales, es intentar conseguir que el dinero trabaje en nuestro beneficio, obteniendo una rentabilidad placentera para la humanidad. Para ello, hay cosas inevitables:

No hay rentabilidad sin riesgo. Cuanto más alto es el riesgo asumido, mayor será la rentabilidad exigible. Por esa misma razón, cuanta más rentabilidad se desea, mayor será el riesgo obtenido.

La noche siguiente, tal vez obsesionado por la pandemia, volvieron las pesadillas y grité bajo el embrujo de mis sueños:

La reunión de los 7 poderosos del mundo continuaba con el mismo periodo de tiempo 5 años después de la pandemia.

—¿Por qué no hacemos que la pandemia continúe de forma estacional?

Me parecería bien convertir la Covid-19 en un fenómeno estacional. Hagamos que la contaminación dependa de la calidad del aire y así nos aseguramos una dependencia climatológica.

Pongamos a trabajar al grupo de expertos en la propagación del aire e influencia en la pandemia.

Aquella misma semana, se creó un grupo de trabajo integrado por 7 especialistas de distintas nacionalidades, encargados de analizar la calidad del aire en la pandemia.

Unas semanas después:

El resumen del primer informe de los 7 especialistas fue rotundo, aseguraron que la enfermedad de la Covid-19 será una enfermedad estacional si persiste durante muchos años.

Las reinfecciones serán como hasta ahora, aunque infrecuentes, pero más probables entre los más vulnerables, los mayores de 60 años.

Las vacunas impedirán que nuestro proyecto triunfe. Creo que si seguimos a este ritmo de vacunación a finales de 2022 se habrá acabado la pandemia.

Por esa cuestión propongo que se trabaje en otra similar o mayor que esta, ya que el problema sigue siendo el mismo:

—Hay demasiada gente en el planeta.

Es verdad: el exterminio de personas mayores es un escándalo, pero la culpa nunca será nuestra, será de la "dichosa" pandemia. Nuestra acción quedará impune de toda acusación —comentó el representante religioso.

El maestro de los virus aseveró:

—El mundo volverá por completo a la normalidad a finales de 2022, cuando haya un exceso de vacunas que haga posible que toda la sociedad sea inmunizada. Aunque no será extinguida por completo, siempre quedarán algún que otro contagiado.

—De acuerdo, lo que no implicará la inexistencia de otras pandemias en el futuro —afirmó el dueño de los laboratorios. Y continuó alertando a sus maléficos colegas:

—Haremos llegar una nueva pandemia más letal y contagiosa que esta.

La gente veíamos por televisión con una cierta normalidad la cantidad de muertos diarios. Superando algunos días las cantidades de muertos en la cruel guerra civil.

Norberto que siempre aparecía en este maloliente sueño, me dijo con cara de preocupación:

—Si los míos estuvieran aquí, todo nos iría mejor a todos.

Yo para darle ánimos, le comenté:

—Hay dos clases de muertes: la deseada y la inesperada. Te puedo asegurar que ninguna llega en el mejor momento, ni en el lugar apropiado. Pese a saber, que nadie ha llegado a este mundo para quedarse en él eternamente. Y continúe diciéndole:

—El presente se vive sin más, por esa razón, no podemos vivir con miedo, sino disfrutando lo mejor que podamos dentro de las posibilidades de cada cual.

El futuro se imagina y por esa razón nos preocupa. Como dijo Woody Allen:

—*Solo me preocupa el futuro porque es el sitio donde voy a pasar el resto de mi vida*—.

Mientras que el pasado, es la historia que se escribe para no olvidar.

Norberto reflexionó comentando:

—Nunca sabrás en qué consiste nuestra existencia, por muchos años que vivas.

No se puede consentir que cada día los telediarios abran los titulares con las mismas noticias: Coronavirus y Cataluña. Los españoles estamos hartos de tanta mierda.

No te ofusques primo, ni critiques en exceso a los catalanes porque quieran a su tierra, ya que todos estamos orgullosos de nuestros sitios de origen.

Cuando salí de mi tierra giennense, no sabía lo que buscaba ni lo que me iba a encontrar, hasta que me dejé llevar por las atenciones de mi mentora, La señora Rosi.

Hay una frase de don Eufrasio que me gustaría decirte:

—*Cuando la ignorancia grita la inteligencia calla.*

Desde que el mundo es mundo, las familias, los amigos y la gente en general, nos peleamos por la razón más horrible, el dinero. Por esa y por otras razones quiero cambiar las cosas de aquí, por la amistad y el cariño a mi gente.

—Verás Norberto: la confianza es como el dinero, se acumula o se gasta.

—Los andaluces debemos asumir que la España que conocimos ya no volverá, y que ahora, el poder lo tienen las Comunidades, Diputaciones y Ayuntamientos. Por consiguiente, cuanto antes lo asumamos mejor para todos. Aprenderemos del separatismo catalán y vasco, vive bien cuanto más dinero saca de las cesiones del Gobierno. Normalmente usan lo recaudado por el trueque de los votos para reforzar su identidad nacionalista e independentista. Pese a sus logros, ellos saben que quien echa un pulso al Estado acaba perdiendo. Pero aun así siguen reivindicándose, en una mano el voto y en la otra ¿cuánto me das?

Si el político nacional no entiende el negocio del trueque independentista, fracasará en todo lo que haga. Yo creo en una Cataluña plural y hay algunos que quieren una Cataluña con fronteras valladas con concertinas y alambres de espino, eso es un craso error primo.

Capítulo 11

Yo, Nicolás, el mismo que siempre andaba carteándose con el futuro, tomaré parte activa como empresario por el futuro del alto Guadalquivir. Para entrar en detalles ahí va una frase de don Eufrasio:

—*La tierra donde se nace es como una madre, por eso en ocasiones es conocida como la Madre Tierra.*

Quiero cambiar las cosas de aquí. Procuraré ser transparente, como siempre lo he sido, y lo único que haré será decir la verdad.

—Haremos gestiones para recuperar los oficios perdidos, encontraremos negocios e iniciativas innovadoras que surjan desde aquí para mejorar la vida de las personas. Nos adelantaremos a las necesidades de una sociedad actual. Para ello, tenemos y debemos sobreponernos a la maldición del coronavirus y a todas las mutaciones de la Covid-19.

Necesitamos el valor de los osados y el talento de los inteligentes para superar con éxito la difícil situación.

—Tenemos mucho de lo que otros carecen: capacidad y valía. Nuestra economía avanzará si somos exclusivos en nuestros proyectos, e innovadores en nuestras ideas.

—Dotaremos a los empresarios del pueblo de una tecnología punta. Iremos un paso por delante del futuro. Seremos la última generación en la Unión Europea. Cambiaremos el riesgo de despoblación por fijar la población.

—¿Por qué lo haremos? Porque cuando nos fuimos dejamos mucho aquí. Es hora de recuperar el tiempo anhelado.

—Pocos son los que dispongan de una financiación derrochadora para liderar su inicio. Digamos que los emprendedores de aquí, serán unos privilegiados.

—*LO DE AQUÍ, LO MEJOR PARA TI.* Ese será nuestro eslogan para que los jóvenes repueblen el pueblo y eviten la despoblación.

Norberto nos miró a los ojos y nos comentó muy serio:

—Nuestros padres decían que los chicos con saber leer y escribir y las 4 reglas: sumar, restar, dividir y multiplicar era suficiente para buscarse la vida. Las niñas no tenían por qué ir a la escuela, era una pérdida de tiempo dado que ellas tenían que casarse con un hombre, criar hijos y llevar una casa. Eran otros tiempos y otras mentalidades. Hoy sería impensable que alguien pensará igual, aunque existen algunos retrógrados que se merecen ser relatados aquí.

Hasta ahora, nosotros les decíamos a nuestros jóvenes:

—Estudia, fórmate y vete. Es hora de cambiar. Ahora le diremos:

—Si estás preparado, formado y dispuesto, aquí te esperamos, tus proyectos son nuestro futuro y el tuyo. Pondremos a tu disposición todo lo necesario para que triunfes.

—*Tus éxitos serán nuestro orgullo.*

Como decía don Eufrasio con bastante frecuencia:

—Uno más uno no somos nada, y juntos somos todo.

Cuando pude, salí pitando de Cataluña como alma que lleva el diablo. Salí sin esperanzas y un tanto preocupado, pero cuando me instalé aquí, se reinvirtieron todos mis pensamientos.

En Cataluña amasé una ingente cantidad de dinero, que pienso reinvertir en mi tierra jiennense. Mi objetivo número uno, acabar con el envejecimiento de la zona dando oportunidades a los más jóvenes, a los de aquí y a los de donde sean, creo en la juventud y en sus nuevos retos.

El futuro de nuestros jóvenes está en nuestras manos. Abriremos oportunidades al talento y al amor por esta tierra.

Repoblaremos el espíritu rural. Abriremos la puerta al mundo, los habitantes del planeta deben saber que somos una puerta de entrada al Parque Natural de la Sierra de Cazorla, Segura y las Villas.

Hagamos realidad las ilusiones de todos los que crean en sus sueños. Preferentemente a los de aquí, sin olvidar a todos los que quieran convivir con nosotros. De tal forma que:

—Lo hacemos nosotros o entraremos en un inminente aislamiento. Con nuestro compromiso pasaremos de un pueblo moribundo a una ciudad próspera.

—El pueblo necesitaba que alguien diera el salto hacia un modelo empresarial sostenible como éste —comentó Norberto exaltado por lo escuchado.

Yo, seguí hablando:

—En estos tiempos inciertos sería catastrófico que olvidáramos quienes somos y de dónde venimos. Por esa razón, os aseguro que en una década convertiremos el pueblo en un oasis de envergadura sobre el desierto de la despoblación rural.

—¡Ayudadme a atajar el éxodo y seréis compensados con gratitud! —les grité al grupo que, de inicio, íbamos a empujar el carro del progreso del pueblo. Y continúe con mi arenga:

—Pues... manos a la obra, el tiempo apremia cuando no sabemos lo que nos queda, no somos niños.

—Haré que vengan gentes de todo el mundo a ver las entrañas del Cerro de las Albahacas y a probar los beneficios de AOVE de la cooperativa. Presumiremos de nuestro superalimento por el mundo aseverando que ayuda a alargar la vida porque es verdad. Alardearemos diciendo que nuestro AOVE genera importantes efectos favorables en el organismo, porque es verdad.

—Si nuestro aceite no le gusta a alguien, es que le pasa algo —interrumpió Norberto que seguía eufórico por las propuestas.

Yo seguía a lo mío:

—Invertiré con riesgo para ganar con honradez de lo aprendido. Haré uso de la agenda. Tiraré de contactos y obligaré a los que un día ayudé, a que arrimen el hombro, recordándoles que un día les socorrí.

—Crearemos la mayor oficina de informática para proteger a las pymes de los ciberataques. Invertiremos en ciberseguridad. Nuestra gente tiene que estar protegida.

—Perdona que te interrumpa de nuevo primo, pero tienes que saber que:

—Nuestros hijos y nietos nunca sentirán la misma conexión que nosotros con nuestro pueblo.

—Sí, es cierto, pero deben saber que existe otro modo de vida, mucho más sano y sostenible en este trozo del paraíso.

—Y ahora, si me lo permites, continuaré con mis propuestas:

—Premiaremos a las siete mejores ideas.

A pesar de la complicada coyuntura liberada por un desconocido enemigo, crearemos pequeñas empresas capaces de innovar. Sin especificar sector alguno. Valoraremos las iniciativas con visión de futuro, encaminadas a configurar un tejido productivo respetuoso con el medio ambiente.

Los políticos españoles están en la inopia con el asunto de la despoblación, no son conscientes de que es un problema de índole social y territorial.

—Tú que eres hombre de mundo, ¿sabes cómo acabar con la despoblación de los pueblos de España y el mundo? —preguntó Norberto con una sonrisa cercana. Yo le contesté muy serio:

—Sí, lo sé y os diré como hacerlo. Lo primero que haría: despoblar las grandes ciudades, rebajar a la mitad el número de habitantes. Lo haría con unas órdenes serias, cortas y efectivas. A saber:

Repartiría los Ministerios por comunidades, dejando en Madrid las esenciales: Presidencia del Gobierno, Hacienda y Seguridad Nacional. El resto de Ministerios a capitales de comunidades.

Segundo: con las Autonomías haría exactamente igual, repartiría las consejerías al resto de provincias.

Conseguiríamos un alto movimiento de funcionarios con sus respectivas familias. Los pueblos colindantes del extrarradio se verían arropados por los nuevos inquilinos, dando valor a estas tierras olvidadas de la mano de los que juegan a ser dioses, los políticos. Pero mientras tanto y hasta que se den cuenta del camino correcto, les demostraremos que, con la actitud adecuada, es posible empujar a la eficiencia económica a lugares olvidados por ellos, los políticos *responsables*. Si, primo, sí, los mismos que votamos en las elecciones: Ayuntamientos, Comunidades, Nacionales y Europeas. Les demostraremos que la concentración humana en grandes municipios no ha traído, ni traerá, nada bueno para el conjunto del país.

Lo único que le pediremos es que mejoren nuestras infraestructuras y servicios.

—Es verdad, tenemos pocas opciones pero lo peor es no hacer nada. Nuestra bandera será:

—<u>Por un amor sin condición.</u>

Ahora os diré:

—La ilusión es la fuerza que mueve el mundo.

—Muchos pueblos siguen en pie gracias al amor y el cariño y a la resistencia acérrima de algunos habitantes que se resistieron y siguen resistiéndose a salir, pese a todo. Debemos utilizar esa fuerza tan abnegada y entregada por esa buena causa.

—Por esa razón, necesitamos a más gente joven con ilusiones y con más proyectos nuevos que los que ya tenemos.

Abriremos de nuevo la lluvia de ideas, con más gente que los cuatro aquí presentes: Beatriz, Eloísa, Nicolás y Norberto.

Lo primero, para empezar, será crear una empresa de logística para clasificar y distribuir desde aquí a cualquier lugar de España y Europa, visto lo visto, la necesitamos lo mismo que instauraremos también, otra empresa de informática para vender y cobrar online, junto a la empresa de nuestros tres jóvenes más brillantes. Estos tres muchachos estudiaron ingeniería robótica, los mismos que presentaron el proyecto de empresa para construir un robot que libraría al ser humano de todas las tareas tediosas. Son genios locales. Han ganado algún que otro premio. Querían ir a EE.UU. y al enterarse de nuestro proyecto han decidido quedarse en su pueblo que es el nuestro.

Esa será nuestra obra magna. Pero continuemos porque todas son importantes para nosotros. Reforzaremos las ya productivas empresas de:

Hortalizas frescas y frutas de temporada, junto a la granja de huevos camperos.

Pesca derivada del rio Guadalquivir. Granjas fluviales: truchas, cangrejos, barbos…. Han demostrado que son capaces, fue una buena inversión.

Aves de corral con animales criados en libertad. Los resultados económicos la avalan como una gran idea.

Parcelas e invernaderos laboratorio. Esta idea era necesaria. Muchos agricultores de la zona están haciendo uso de estas instalaciones.

Granja escuela. Hay que ver las caritas de los niños y niñas cuando vienen a ver los animales de una granja. Esto no tiene precio.

¡Ojo! No queremos hacer una revolución industrial ni convertir al pueblo en una gran urbe donde los obreros vivan hacinados en casas mal ventiladas, con familias compartiendo un solo grifo y retrete. Como cuando nosotros nos fuimos a otros lugares de España, Europa y el mundo.

—Tenemos que hacerlo ¡ya!, porque cuando se te cae el pelo, ya no tienes tiempo para aprender a tocar la guitarra. Simplemente, nos queda el tiempo justo para ser los mentores de muchos jóvenes emprendedores.

—Eres joven aún —dijo Beatriz sin dejar de mirarme con ojos de enamorada.

—Sí, es verdad que lo soy, y tú lo sabes, pero eso deberías decírselo a mi espejo, el mismo que veo a diario. Yo lo miro como un verdadero traidor. —Lo tenía que decir y lo hice. Después continué con mi exposición:

—Iniciaremos las reuniones contando la historia nunca descrita de los emigrados a Cataluña, les diremos que:

—Llegamos a Barcelona como todos los españoles, creyendo que España era de pensamiento único.

Uno era español y de su pueblo. Pero no, allí, enseguida te ponían la etiqueta de Charnego. Este doble enraizamiento, la mayoría, no lo entendimos nunca. Eso hay que explicarlo. La gente debe saberlo.

A las regiones más ricas de nuestro país, alguien debería decirles que, nosotros, *los Charnegos* le dejamos nuestro mayor tesoro, nuestra juventud, trabajamos lo indecible, contribuimos como el que más al crecimiento y riqueza de sus ciudades a sus prosperas y ricas comunidades, les dimos nuestra juventud y la de nuestros hijos y ahora, la de nuestros nietos.

Eloísa que parecía ausente de la reunión comento con voz tímida:

—Creo que deberíamos de imponer desde el principio un objetivo primordial: la identidad y la calidad del producto. Esa será la herramienta que deberíamos utilizar como mecanismo de supervivencia y de crecimiento. —Después, continué con mi exposición empresarial:

1. Pondremos fecha al acto conmemorativo de la batalla de Baécula. Será una manera de llamar al turismo.

2. Construiremos las mejores fincas laboratorio para nuevos frutos.

3. Para dar trabajo a los más jóvenes recuperaremos oficios ancestrales en vías de extinción, como, por ejemplo:

   Esquiladores de ovejas, empleados agrícolas, hojalateros, zapateros remendones y artesanos de todo tipo, profesiones que antaño, estaban valoradas y que hemos visto agonizar por la falta de relevo generacional en nuestra tierra.

4. Todo se hará con productos sostenibles que irán de la granja y del campo, a la mesa. Sin descartar los comercios que soliciten vender y contribuir con productos ecológicos elaborados y producidos aquí.

5. Seremos un pueblo que ha pasado de una despoblación máxima a un paraíso ecológico

con una máxima industrialización que respeta el medio ambiente.

6. Esta será la mesa de los sueños. Un lugar donde los emprendedores podrán hacer realidad sus ideas empresariales.

7. Trabajaremos a destajo para encontrar el mejor destino posible a los osados emprendedores que quieran instalarse aquí.

Y ahora os diré:

—Mi felicidad interior es grande. Con esta acción acabamos de cumplir el primer sueño —Mí sueño—. Dejadme que os lo explique:

—La vida se inventó para vivir momentos como este.

—Cuando me fui de aquí, vendí mi alma al diablo. Hoy, con miraros a la cara y ver vuestras sonrisas, la he recuperado.

El futuro siempre está precedido de los hechos de nuestros antepasados.

—Gracias por estar conmigo en este momento tan entrañable.

Terminaré mi exposición con un dicho de don Eufrasio:

—El trabajo aleja de nosotros tres grandes males: El aburrimiento, el vicio y la necesidad.

La ex monja sabía que liderar, era igual a contagiar emociones, y comentó con desparpajo:

—Para entender bien el compromiso por levantar e industrializar la zona del alto Guadalquivir, comentaré la siguiente anécdota:

—Ocurrió en un atardecer cualquiera. Saboreábamos una merienda mientras contemplábamos los resplandores de luz que generaba el astro rey con su despedida habitual. De repente, la merienda me dejó de interesar. Rompí el silencio contemplativo de la puesta de sol y me vino una propuesta necesaria para el empleo de la zona:

—Crear un laboratorio para analizar los terrenos para descubrir todas sus bondades. Se trata de averiguar qué cultivar en cada trozo de tierra de la localidad y colindantes.

Norberto, mientras se acariciaba la barbilla propuso:

—Aquí y allí se bebe mucha cerveza. Ayudemos a emprender a la zona vaciada, ofertando la implantación de una cervecera artesanal.

—Estoy convencido que tendría éxito. —Gracias primo —le comenté al bueno de Norberto.

—¡Ah! Y algo más: Con nuestras acciones empresariales impediremos que la banca huya del pueblo.

—Primo, en Barcelona, los jóvenes piensan en playa, botellones y sexo —comentó Norberto con cara de disgusto.

—Qué cosas tienes, eso lo piensa y lo desea la juventud del mundo entero. Cuando se es joven, el deseo hormonal te obliga a estar pensando en sexo a cada minuto —le contesté mientras rememoraba mis años de juventud.

Eloísa, que hasta el momento solo hizo una propuesta demostrando ser una persona muy observadora, comentó bajo la capa de su cortedad:

—En el pueblo tenemos mucho de lo esencial para la vida: tierra fértil, agua limpia y sol radiante, la base para sobrevivir. ¡Ah! y deseos de disfrutar de la vida como el que más.

Todos se miraron al unísono y asintieron sin más.

Yo seguiré pensando que:

—Solo porque no se haya hecho antes no quiere decir que no tengas que hacerlo.

Decía don Eufrasio que:

—*Cuando una acción es urgente, es porque ya es demasiado tarde.*

Norberto, que había estado escuchando, más que hablando, comentó concienzudamente:

—En la España que nosotros conocimos, los hombres se definían por su trabajo. —Me paré a pensar unos instantes y le repliqué:

Yo creo que hoy, después de mucho tiempo pienso que somos aproximadamente iguales, lo que ocurre es que nos criamos de diferente manera y en ambientes muy dispares, por esa *tontería* no somos iguales.

Creo que podemos estar satisfechos por el trabajo realizado hoy. Felicidades a todos. Ahora, a cenar en el restaurante que financiamos y que tan buena acogida está teniendo.

Capítulo 12

Desde mi regreso a casa, he visto, he imaginado, la distancia con claridad, lo que está ocurriendo en Cataluña con la pandemia y con todo lo demás:

—Veo en mi mente el vídeo del fin del mundo y este hecho se iniciará desde aquella comunidad de España.

Me preocupa que la crisis alimente los populismos y acabe en una hambruna como la que vivimos en la posguerra.

Los jóvenes, los de aquí y los de allí, actuaban de forma irracional e irresponsable con sus botellones y reuniones no autorizadas por las autoridades competentes. Nosotros, los que ya tenemos una edad, pensamos y dictaminamos como irresponsables a los jóvenes; y a las autoridades que lo permiten, incompetentes. Muy pocos nos preguntamos: ¿qué hubiéramos hecho nosotros después de estar encerrados a cal y canto durante tres largos meses? ¿Nos hubiéramos ido de botellones, guateques o de lo que hubiera sido con tal de pasarlo bien? No lo duden, lo hubiésemos hecho igual o peor que los jóvenes de hoy. Allí y aquí.

Cuando hablo de pandemia, coronavirus y todo lo relacionado con esta *maldición*, pienso en los responsables e insisto en ello, seguro que se dirían a sí mismos:

—Tenemos que hacer algo. La población crece de manera incontrolada. No tenemos tiempo de reacción. Las guerras, el medio ambiente y el clima. Vivir en la tierra en unos años será un caos.

—Insisto: Como si ellos hubieran llegado al planeta para quedarse eternamente. Juegan a ser inmortales. ¡Manda huevos!

Por el contrario, recuerdo cuando nos dijimos Beatriz y yo:

—¿Pandemia? ¿Qué pandemia? Beatriz me cogió la mano y me comentó con aires de tranquilidad:

—Te acuerdas cuando te dije, aquí viviremos una vida discreta y alejada de los focos. Y tú me contestaste:

—Perdona cariño, pero no es eso lo que me preocupa. Pienso en el coste de la vida en Cataluña. La cesta de la compra sube más que los sueldos. Cada día el diferencial es más alto. Lo que dificulta la vida a la mayoría de los trabajadores y de sus familias. Las compras de primera necesidad, la luz, el agua, los transportes, hacen un agujero en el bolsillo de los más débiles difícil de coser.

Mi primo Norberto se quedó un tanto abstraído, y reaccionó de manera inesperada comentándonos con cierto resquemor interno:

El independentismo no busca una independencia porque sería fallida con toda seguridad, lo que ellos prefieren es seguir lucrándose a costa de los catalanes y españoles. Y continuó ilustrándonos:

—Los que nos afincamos allí pasamos por las miradas del desleal catalán. Aprendimos a vivir con el desgarro interno. Supimos desde el principio que Cataluña sería nuestro hogar a pesar de los maltratos psicológicos. Pese a las atrocidades de algunos acérrimos nacionalistas, llegamos haciendo lo único que sabíamos hacer: trabajar y trabajar por un jornal que nos permitía llevar un plato de comida a la mesa de nuestras familias. Dimos todo por la tierra catalana, gastamos nuestro bien más preciado, nuestra juventud. Por eso, después de una vida laboral gastada, todos nos preguntamos:

— ¿Y ahora qué hacemos aquí, si después de tantos años nunca me he sentido como uno de ellos?

Yo les dije con un sentimiento verdadero.

—Me consta que la mayoría de catalanes no están con el independentismo y que nos aceptan a la mayoría e incluso nos agradecen que nos instaláramos y ayudáramos a levantar su tierra catalana. Simplemente, a ellos les encanta su tierra tanto o más que a nosotros la nuestra.

Norberto siguió con la nostalgia:

—Cuando éramos niños no teníamos de nada, pero éramos los niños más felices del mundo. Jugábamos con cualquier cosa: canicas, trompas, arco, tirachinas…

—Es verdad Norberto, no teníamos nada y lo teníamos todo. Y le seguí contestando sin preámbulo alguno:

—Los recuerdos de la vida en general y los de juventud en particular, suelen ser selectivos, nos acordamos solo de los buenos momentos. De pronto recuerdo que nos paramos en seco.

—¡Buenos días señores! —Eloísa entró emocionada y con una alegría placentera.

—¿Qué le pasa Eloísa, la noto muy animada y feliz?

—No señor, es que hoy es sábado y celebramos la Vigilia Pascual, conmemoramos la Resurrección de Jesús y como buenos cristianos debemos reaccionar con alegría por ser posiblemente el día que le da sentido a nuestra religión católica.

—¡Cómo se nota que has leído el Quijote! Él, como buen hidalgo, y nosotros como seguidores de la fe cristiana, también comeremos lentejas todos los sábados, aunque él se las tomaba los viernes. Merecerá la pena solo por verle la cara de satisfacción a usted, Eloísa.

—Yo soy un poco menos carismática que tú, Nicolás. Tomaré un huevo frito con ajos, patatas a lo pobre y un chorizo —comentó Beatriz, como si estuviera enfadada con su religión y con las lentejas del Quijote.

Norberto dijo:

—Yo también me apunto a los huevos fritos. Es mi plato favorito.

El honrado consejo de la mesa al completo se dirimió por el plato más internacional y placentero: huevos fritos con patatas y chorizo. Las lentejas sobraron para otro día.

Capítulo 13

Beatriz, Norberto, Eloísa, autoridades locales, todos los nuevos empresarios, y algún que otro invitado, asistieron a mi fiesta para celebrar mis 70 cumpleaños. El buen ambiente se palpaba hasta que se presentó Damiana, mi esposa. Cuando la vi entrar repartiendo hermosura por doquier, descubrí que la llama se mantenía viva.

La gente que la conocía se quedó enmudecida cuando descubrieron que se trataba de mi esposa Damiana. También perdieron el habla aquellos que veían a un cuerpo de mujer excepcional, que destacaba por su belleza y atractivo. Yo sin embargo, vi a la mujer que más vale en este mundo en el sentido profesional y personal. Ella es, igualmente, excepcional, impresionante, excelente, la veas como la mires.

Al ver que todos la miraban con admiración me dije para mis adentros:

—Damiana sigue siendo una auténtica rompe cuellos. Yo siempre mantuve la llama viva y creo que ella también.

Beatriz y Nicolás mostraban complicidad y se hicieron carantoñas en presencia de Damiana, sin saber que ella no les quitaba el ojo de encima. La sorprendente exhibición de amor de la pareja no le sorprendió en absoluto a la esposa despechada.

Ella, sin perder su sonrisa se preguntó para sus interiores:

—¿Que habré hecho yo para merecer un marido tan maravilloso como Nicolás? Y siguió cavilando:

—Beatriz se va a quedar con él, sí o sí, por consiguiente, si tiene que ser así, diga lo que diga, pues cuanto menos diga mejor.

Después, pasó lo que pasó.

Duró solo un instante, pero fue la mirada más romántica que nos podíamos enviar. Vi complicidad, vi vestigios de fuego que aún seguían encendidos, vi en segundos toda una vida juntos. Sí, lo vi. Y si yo lo vi, ella lo vislumbró antes que yo. Damiana es mucho más de todo que yo y que cualquier hombre o mujer. Ella es, una tía notable, una fuera de serie, es la obra perfecta de Dios.

De repente, me puse a la defensiva y afloraron mis pensamientos negativos sobre lo que pensaría de mí y de la relación con Beatriz. Fue un momento de ansiedad por no saber qué iba a ocurrir. Después, mi mente deliberó:

Damiana tiene todo lo que necesita, y yo ya no formo parte de sus necesidades, ella es feliz. Sabedora que el dinero llama al dinero, *su gran pasión.* Damiana lidera la lista de las mujeres empresarias más ricas de España. Año tras año su fortuna se incrementa con una media de un 16%. Es una crack.

Damiana es una luchadora congénita. Ella no necesitó un referente para abrirse camino, ella se convirtió en su propio referente. Damiana era, es, y será siempre, un auténtico número uno en todos los sectores que ha tocado o toque: hostelería, restauración, arte... es una quimera influyente en todos los sentidos.

Era astuta como la que más. Reaccionó con prontitud y conocimiento, sabedora de lo que ocurría entre su marido y Beatriz, su exempleada era un amor envejecido por los años, aderezado con el deseo empático de ambos y adornado por el deseo mutuo de estar juntos. Contra eso nada se podía hacer y ella lo sabía.

Lo primero que hizo Damiana, creo que de forma inteligente, fue reforzar la relación compleja a tres bandas que teníamos. Llamó a Beatriz y sin querer inmiscuirse en su nueva relación le comentó:

—Enhorabuena, eres una mujer afortunada por estar con el mejor hombre que he conocido.

—La verdad, Damiana, no sabría cómo explicarte lo sucedido, simplemente ocurrió —confesó Beatriz dirigiendo su mirada al suelo con la cara sonrojada.

Damiana lucía un sorprendente y espectacular vestido rojo que emanaba invitación a la seducción. Fue un momento muy traumático para Beatriz, que al verla, se quedó aterrorizada. Veía en aquella mujer diez, una rival muy difícil de superar.

Damiana que presumía sin decirlo de ser una mujer bastante conocida en el ámbito empresarial y en ambiente de relaciones humanas. La miró fijamente y le dijo:

—No te reprocho nada, ni a mi esposo tampoco. Sé a ciencia cierta que tú, anidaste en su mente un acentuado deseo sexual antes que yo, pero yo conseguí hacer mi sueño realidad —casándome con Nicolás— formando una gran familia y eso no me lo puede arrebatar nadie. Después de más de 30 años a su lado, siendo una esposa fiel, un día sin saber cómo, pero deseándolo, le fui infiel con un cliente rimbombante de los que hay pocos en el mundo. Pese a la discreción de lo sucedido, él se enteró y ese fue el detonante que reavivó el sentimiento anidado que mantenía por ti, —la monja de sus sueños— siempre lo sospeché o lo supe, sin poder ratificarlo hasta hoy que lo he visto con mis propios ojos.

Ante aquel intrigante desnudo emocional de mi todavía mujer, no podía más y me acerqué. Quería testar los ánimos de ambos amores. Las dos mujeres más importantes de mi vida amorosa, bueno, sin olvidarme de la señora Rosi, mi maestra y mentora por sus clases prácticas de cortejos sexuales. Ella sentó las bases de mis futuras relaciones.

Como persona observadora que presumo ser, en el saludo observé a la filántropa de Damiana entregada a sus empresas. Observé a la entusiasta del arte: *tiene su propia colección.*

Ella es capaz de sobreponerse a cualquier dificultad por muy grande que esta sea de manera inteligente.

Con mi intervención pasaron de la tensión a la cordialidad. Tenía que dejar claro a Damiana que la decisión de compartir lecho durante el resto de mi vida con Beatriz era inamovible, obedecía a una hoja de ruta marcada en nuestras mentes ocultas desde tiempos ha, y nada ni nadie la podía alterar, ni siquiera ella.

Por el contrario, vi a Beatriz como una mujer ilustrada sobre la cultura de los pueblos, incluyendo sus raíces y las nuestras. Una persona que fue acogida por los habitantes del pueblo con cariño, tal vez porque todos los del pueblo sabían que Damiana era demasiada mujer para un solo hombre. Ante aquella disyuntiva, les comenté con una alta sinceridad a las dos mujeres más bellas de la creación:

—Nunca he dejado de querer a ninguna de las dos. Mi vida siempre giró en torno a mi familia y a mi deseo por Beatriz. Ambos amores me tienen embrujado y lo que es mejor, me gustaría que siga siendo así. Inmoderadamente, enseguida cambié de tema:

—Nuestra generosidad por el bien de la despoblación rural, está dando unos resultados impresionantes. Hemos superado con creces todas nuestras expectativas. Sin olvidarnos del ejemplo que hemos dado de cómo cuidar el medio ambiente.

Damiana y Beatriz, hablaron entre la indiferencia y la educación.

—Ahora miradme y escuchadme bien las dos. Si por un causal alguna de vosotras, me pusiera en el brete de tener que decantarme por uno u otro amor, os diría que llegado ese dilema, yo ya no quisiera vivir.

—Yo no seré la cabrona que te lo diga —replicó Damiana sonriendo y extendió:

—Felices, fuimos los más felices, eso jamás se puede olvidar. Pero lo vivido ayer se queda en el pasado y vosotros tenéis un presente muy bonito que no debéis renunciar.

Beatriz sabía que ella es algo más que sorprendente, es muy inteligente. Me miró con cierto recelo y pensó:

— ¿De dónde viene esta invención, en qué oscuros y ancestrales recovecos me sitúa a mí? Y siguió preguntándose:

—¿Qué se estará cociendo en su cerebro?

Sin decir nada, nos quedamos solos los tres. Todos los invitados se marcharon. Ya conocía a Beatriz demasiado bien. Es de hecho una lectora voraz, siempre tiene un libro en las manos. Y seguro que se estará preguntando:

—¿A qué ha venido esta mujer al pueblo?

Después les dije a las dos con mi voz favorita de seductor, enamorador de mujeres despechadas:

—Ahora tendré que besaros a las dos: una por hablar mucho y a la otra por no decir nada de lo que está pensando.

—No estarás pensando en la posibilidad de formar un trio —comentó Damiana, a lo que sin dudar un instante le dije:

—Pues a mí no me importaría, lo que ocurre es que tengo la edad que tengo. Con las lagunillas que puedo llegar a tener —reaccioné de forma humorística ante la pregunta de la empresaria.

La Princesa de Dios que hasta ahora había permanecido en silencio confesó irónicamente:

—Pese a mi situación de abandonar el convento, sigo siendo una mujer católica y la opción de poligamia no es una elección para mí.

Lo mismo que tampoco es la opción de poliandria. Si seguís por ese sendero yo me desvío de vuestro camino.

Damiana, que se encontraba cómoda en su nueva posición, tanto en las empresas como en la vida familiar, como si de un nuevo gallo del corral se tratara. —Todas las decisiones pasaban por su despacho—.

Ella, que pese a su edad avanzada seguía apostando con éxito por los experimentos en los negocios. No en vano, de todos era conocida su habilidad productiva. Hasta un tiempo no muy lejano, Damiana explotaba su conocimiento de avispada mujer de negocios para el bien de sus objetivos empresariales. Por su sonrisa seductora, su arma secreta para cautivar sin la palabra, los hombres caían rendidos a sus pretensiones profesionales, con la esperanza puesta en que tal vez, algún día podría ser suya —cosa de hombres—.

Hubo hasta quien pensó que ella incluía su impresionante físico, con tal de ganar dinero. Es verdad que Damiana mostraba sus curvas de mujer perfecta. Pero era una acción inevitable. Damiana era así, tal cual la veían. Sus éxitos procedían de su inteligencia, nunca de su físico, aunque alguien de cortas luces la quisiera ver de otra manera. Algo que a ella no le importaba lo más mínimo.

Damiana, tenía una máxima:

—Pensad lo que queráis, pero no dejéis de firmar esta operación que es buena para mi negocio.

Con sus acciones aplicaba el mí ancestral dicho que ella nunca ocultó que eran palabras de su marido, Nicolás, EL SIMPATRIA, EL APÁTRIDA y el ahora, Repatriado voluntario:

—*El objetivo vender, eclipsa el resto de objetivos.*

Damiana era una mujer de costumbres, por esa razón mantenía su particular dicho con la elección de sus obras de arte:

—Lo primitivo es una forma de ser moderno: presente y futuro.

Encontré en aquella desorbitada situación, una interacción natural con Damiana, una compañera que me escuchaba sin emitir juicios de valor. Por eso pensé en voz alto esas cosas que salen de cuando en cuando del alma y le dije:

—Damiana eres genial.

—Me haces sentir la mujer más valorada del planeta —comentó ella sin dejar de enviarme su mirada más picante.

Los invitados a la fiesta habían desapareciendo, incluso Norberto y Eloísa se habían esfumado. Al final, nos quedamos solos, los tres: Damiana, Beatriz y Yo.

Damiana, viendo la situación que se planteaba comentó:

—Yo me voy a una pensión.

—De eso nada, si alguien tiene que irse, soy yo — comentó Beatriz un tanto disgustada.

Ante aquella inesperada situación. Hice un barrido ocular por una y otra cara. Observé con admiración que ninguna quería irse, porque a ninguna le gustaba la idea de pensar que la otra se quedaba a solas conmigo. Y ante esta disyuntiva obré de esta manera:

—Mis queridas, admiradas y amadas: Damiana y Beatriz. Me habéis puesto en el brete de elegir, pero lamento deciros que eso no va a ocurrir. Yo os propongo dos opciones:

La primera, dormimos los tres en casa y en la misma cama. Yo, por supuesto que me pediría el centro de la cama para que no os incomodara la presencia de la otra. Y así, me daríais el mejor regalo que un amante y esposo puede llegar a recibir en sus 70 cumpleaños: dormir junto con los únicos amores de su vida. Sería una fantasía hecha realidad.

La segunda, antes de que se vaya nadie, yo dormiría abajo, en la biblioteca, junto a mis amigos los libros. Donde las historias saben cómo embrujar al lector, donde lo escrito te envía a lugares y hechos insospechados.

A sí que vosotras decidís: la una o la dos.

Al final los tres estábamos de acuerdo, subimos a la cama y nos ensobramos juntos. Inicié el sueño mirando al techo, mi mano derecha tocaba el cuerpo de Damiana, mi esposa, mi mano izquierda se rozaba con el cuerpo de Beatriz, la mujer que despertó mi interés por la belleza femenina.

Pasaron unos minutos, yo ni siquiera sospeché lo que iba a ocurrir, pero pasó. Damiana empezó a enviarle mensajitos a su novio, el holandés con el que me puso los cuernos. La condenada tenía novio. Le dijo que estaba durmiendo con su marido y con su amante, en la misma habitación y en la misma cama, y que yo, le tocaba su cuerpo desnudo. Ella desde siempre dormía con sus bellezas al descubierto.

Al enterarme de su coqueteo con el extranjero, decidí ir más allá. Quería devolverle las astas que el desgraciado me colocó. Deslicé mi mano astutamente hasta donde se encontraba el oscuro roedor. Mientras mi mano derecha percibía el tacto placentero del inmóvil animalillo, la izquierda escalaba las dos montañas que cubría el camisón de seda rojo de Beatriz. A continuación salté sobre el estupendo manjar y...:

—Esta escena la dejo para la imaginación de los amados lectores.

Ante aquel sueño real, dormimos, poco, pero lo hicimos despreocupados de perjuicios establecidos, superando el qué dirán, si es que llegan a enterarse las cotillas del pueblo y los de Barcelona, porque amantes de los chismes hay en todos sitios.

A la mañana siguiente:

Damiana y Beatriz se levantaron antes que yo. Las dos tenían ganas de decirse cosas. Damiana confesó a Beatriz:

—Cuando más consolidado estaba nuestro amor, apareció el desamor en calidad de huésped, un holandés de aspecto inmejorable. Me hizo descubrir la parte divertida de la vida.

—Y, ¿qué sentiste al engañar a tu marido? —preguntó un tanto preocupada al ver que no sentía el más mínimo pudor de confesar su desliz.

—Es un sentimiento que nadie conoce salvo tú misma. No se puede explicar. Está entre la satisfacción y el drama —explicó Damiana dejándose llevar por la nostalgia del momento.

— ¿Y después? —insistió Beatriz que seguía sin dar crédito a lo que Damiana le decía.

—Yo me enfrenté a mi marido y él me contó todo lo que sentía por ti, incluyendo vuestro deseo anhelado de juntar vuestros cuerpos desnudos.

Beatriz, se quedó paralizada, no sabía cómo reaccionar, se sintió tan mal que... pero no era el caso de Damiana ya que continuó diciendo:

—Desde que me enteré de vuestra aventura, lloraba cada día, no podía creer la forma en que me pagaste el favor que te hice al darte trabajo en el hotel. Aunque reconozco que el culpable de vuestra equivocación fue de mi marido por no respetarme. En fin, al final la mala soy yo, como de costumbre.

La amante acoplada en su casa, ejercía de víctima en silencio. Ella pensaba que solo quería y necesitaba amar a la persona de sus sueños, pero Damiana continuó con su desahogo:

—Eres una mala mujer, te has metido con mi marido en mi propia cama y delante de mis narices.

Beatriz rompió su silencio y respondió ante aquella agresiva palabrería. No daba crédito a tenor de lo ocurrido la noche anterior:

Ella no negó nada. Al contrario, reconoció los hechos recordándole las intimidades y secretos de una noche loca de sexo, diciéndole:

—Es verdad, anoche tuve sexo con tú esposo y después contigo, así que por favor, no digas que la mala soy yo. Personalmente estoy encantada de como sucedió todo.

Damiana sonrió, y comentó:

—La verdad, no estuvo mal. Fue una experiencia que tal vez algún día volvamos a repetir. Pero antes déjame contarte lo que ocurrió unos días después de la infidelidad de mi marido:

—Él me pidió perdón y me dijo que quería irse, se sentía muy avergonzado.

— ¿Y por qué no me despediste? —preguntó Beatriz con un tono alto.

—No quería que mi matrimonio acabara y lo perdoné. A sabiendas que desde aquel encuentro vuestro se me etiquetaría como una cornuda. Tal vez porque yo lo etiqueté antes con el que hoy es mi amante en *secreto*.

Beatriz, respiró profundamente e inhaló aire fresco antes de explicar con razonamiento:

—Cuando la nostalgia es alta, ésta nos impide manejar nuestros recuerdos de juventud con certeza. Y continuó diciendo:

—Cuando vine a buscar a Nicolás, quería hacerlo sola, pero él, nuestro hijo Nico, insistió. Yo sabía que tenía que decirle la verdad sin saber con certeza a dónde me llevaría la realidad de lo acontecido. Ocurrió en el hotel y una sola vez, fue en la habitación del adulterio o el lugar del amor por el amor. Todos los empleados la conocen así.

A lo que Damiana le recriminó:

—Cuando te contraté, me prometiste que respetarías mi matrimonio. Yo sabía que eras la monja que habitaba los sueños adulterinos de mi marido y por eso quise ayudarte —comentó Damiana sin parpadear lo más mínimo.

Beatriz, que era una persona muy versada en lenguas extranjeras, le contestó con acento francés:

—Es verdad, nos deseamos con la mirada durante algunos años de juventud. Solo que yo no podía hacer nada, dado mi compromiso con la religión. Continuó diciendo, pero en la vida, nunca se puede decir nunca. Ocurrió, tal vez, porque tenía que suceder así. Esta situación no estaba en nuestros planes.

Yo, Nicolás, vivía al margen de lo que ocurría en la cocina, bajé, necesitaba tomar un café con leche en vaso alto después de la noche tan ajetreada que tuvimos.

Descubrí a mis dos amores hablando de manera satisfactoria y cordial. Las dos estaban muy arregladas pese a la hora temprana. Aquella situación me encantó. Por esa razón les comenté:

—¡Buenos días mis tesoros! Muy bien, lo que ocurrió anoche fue fantástico, gracias chicas, sois geniales las dos. Todo ocurre por algo. Si no hubieras venido, esto no hubiese ocurrido. Tal vez con nuestra brillante faena de alcoba forzamos al Destino para que sucediera, ¿quién sabe? —dejé pasar un poco de tiempo y de nuevo les comenté lleno de euforia:

—En mi ranking personal lo de anoche lo categorizo como la mejor noche de mi vida.

—Y vosotras, ¿qué valoración le dais? —pregunté con ímpetu.

Las dos callaron. Ante su silencio, di por hecho que su valoración fue alta. —Después les ilustré:

—Nunca un buen final se brindó con café ni con un vaso de agua. Tomaremos un buen vino de la tierra y lo celebramos a lo grande.

Los tres mantuvimos las miradas en silencio. Hasta que pasados unos segundos Damiana apuntó:

—Mis guisos no necesitan aderezos, *haciendo alusión al vino*. Ocurrió lo mejor de lo que podía pasar. Sí, es verdad, fue una experiencia para no olvidar. Tener en cuenta que vivimos en una sociedad avanzada, nunca hay que perder la velocidad a la que nos lleva permanentemente el tren de la vida.

Yo ante aquel inesperado escenario, hice de nuevo uso de mi demoledor barrido ocular y comenté:

—Donde hubo una infidelidad consentida siempre puede haber una segunda.

—¿Acaso lo de anoche para ti fue solo eso, una infidelidad? —Beatriz preguntó con mirada de satisfacción al matrimonio.

—Estamos al final de todo y al principio de algo único —comentó Damiana con un léxico que emanaba dulzura.

—No saben lo que se están perdiendo los *arrománticos* y asexuales. Anoche descubrimos las otras formas de amar. Rompimos con todos los moldes establecidos —comentó Beatriz dándole importancia a lo acontecido sin el menor reparo, pese a su ex circunstancia de religiosa.

Yo, como anfitrión agasajado tenía que cortar aquella conversación de complacencia y comenté una reflexión de don Eufrasio:

—*La razón por la que una mujer se arregla en exceso es para cazar a un hombre o para olvidarlo.*

Damiana comentó:

—Ahora, por favor, nadie debe hacerse la clásica preguntita del conservadorismo arcaico que hombres y mujeres de nuestra zona se harían:

—¿Qué dirían en el pueblo si nos hubieran visto o simplemente se enteraran de lo ocurrido anoche en nuestra alcoba?

—Decir, dirían mucho, pero desear vivir y sentir lo que nosotros vivimos, sentimos y disfrutamos, todos querrían compartir una experiencia llena de fantasía y del mismo nivel que alcanzamos anoche —comentó Beatriz sin tapujos ni vergüenzas.

Yo las volví a mirar con admiración a las dos, y me dije para mis adentros:

—Beatriz, Damiana y Nicolás, un idilio bajo el paraguas del paradigma de la infidelidad y del amor. Después, le comenté a mis dos amores:

—Parece mentira que vivamos juntos los unos con los otros y que parezca que estemos en mundos diferentes.

Capítulo 14

Reunión al completo del honrado consejo de la mesa. Inicié la reunión diciendo:

—Hoy he reservado mesa en el restaurante Pachilla, como sabéis, es uno de nuestros socios. Es especial porque la sostenibilidad forma parte del menú. Están aferrados a las ollas y a las costumbres ancestrales. Serán el referente en restauración del alto Guadalquivir.

Ahora pongámonos a trabajar. Empezaré con una frase de mi progenitor y confesor, un hombre sabio donde los haya; don Eufrasio me comentó un día:

—*Los hombres, carecemos de memoria cuando las cosas nos van bien.*

Por esa cuestión os pregunto a los cuatro:

—¿Os acordáis del confinamiento? Haré una reflexión al respecto para refrescar la memoria porque parece que no ha pasado nada en el mundo.

—Los primeros días de la pandemia asistimos atónitos al cierre del mundo. Todo se paralizó, excepto los negocios y servicios esenciales. Aquella situación fue una sorpresa desoladora e increíble, la imagen que nos llegaba por televisión de las ciudades desiertas, frías y sin vida, imágenes horribles, algo que la sociedad actual, debería de ponerse a trabajar para que algo así no vuelva a suceder.

El mundo entero tembló al sentir una sensación de colapso universal. Las personas nos volvimos más humanos que nunca al descubrir nuestra fragilidad, nuestro desamparo por la pérdida de nuestros congéneres, también descubrimos o recuperamos nuestra capacidad de lucha por la supervivencia, rescatamos nuestra creatividad individualizada y algunos descubrimos una vocación de ayuda y asistencia a los demás. La humanidad manifestó en silencio con el dichoso coronavirus, que era un mal común y que como tal había que pararlo.

Todo este proceso demoledor puso en evidencia que los mecanismos de los estados de derecho, incluyendo el nuestro, no salieron muy bien parados.

Sin demagogias por favor. Desde mi aislamiento, así vi nuestra Salud y Economía:

—En el fondo, todos los ciudadanos somos merecedores de ser distinguidos, no por ser unos héroes, sino por ser ciudadanos normales que estuvimos a la altura del mejor cumplimiento de nuestro deber, al cumplir con rigor lo que las autoridades nos marcaron hacer.

Ante la desconfianza ocasionada de los primeros días, los ciudadanos pedimos a los que sabían, si es que lo sabían, que se aclarasen y nos dijeran de una vez, si teníamos o no teníamos que salir a la calle con mascarilla. A los pocos meses circuló la noticia:

—Ahora parece ser que circula por el aire más de lo que se creía.

Eso explicaría por qué los chinos españoles acapararon todas las mascarillas de las farmacias para enviarlas a su país. Ellos, ¿¡ya! lo sabían? Nadie dijo nada, porque hacía muy pocos meses que veíamos el problema, pero muy alejado, y lo teníamos en nuestras propias NARICES.

Tal vez y debido a la vulnerabilidad del ser humano en factores tan importantes como la inmunidad y el dinero. Todos estábamos muy preocupados por todo y por todos debido a cuestiones esenciales:

Salud: cuando ves que la puedes perder, te genera ansiedad.

Economía: cuando se tiene poco es mucho lo que tienes y si tienes bastante pierdes mucho y estas dos posibilidades producen angustia y genera perplejidad en toda la población.

Las preguntas generalizadas de la "calle" eran:

¿Esta epidemia con resultado de catástrofe mundial se podía haber evitado?

¿Ha venido para quedarse?

¿Algún día acabará esta pesadilla?

¿Los mejores del mundo en estas dos cuestiones esenciales son los que están buscando las mejores respuestas?

Lo único que nos consoló a la gente de a pie, es que este maléfico virus nos trató a todos por igual.

Por esa cuestión, desde mi confinamiento valoré a todos los pequeños comercios: panaderías, droguerías, quioscos de prensa, fruterías, pescaderías y carnicerías del mundo, y a los de mi barrio en particular, dándole el doble de GRACIAS, por haber decidido continuar realizando su labor, anteponiendo responsabilidad a su salud.

Desde mi encierro voluntario hice una carta de reconocimiento al pequeño comercio en general y al de mi barrio en particular:

Sí, a todos vosotras y vosotros, gracias por seguir prestando los servicios esenciales a vuestros clientes: amigos y vecinos en estos tiempos de pesadilla que nos ha traído el dichoso coronavirus.

Aplausos y agradecimientos a todos/as por seguir estando ahí y, gracias, por enseñarnos a vivir sin miedo.

Seguid así.

Y desde mi reclusión, seguí escribiendo cartas a la prensa, éstas sin especificar a quién, fue un genérico.

A todos los héroes invisibles:

Es hora de que aparezca el héroe del siglo XXI. Necesitamos acabar con el maléfico: Coronavirus Covid19

Pero... mientras aparece un nuevo superhéroe, nos quedaremos con nuestros Quijotes desconocidos. Sí, amigos, sí. Ellos son así: unos perfectos desconocidos. Los vemos a diario, pasan delante de nosotros y los miramos como personas de segundo, tercero, cuarto o quinto nivel, según profesiones, vestiduras o nivel económico. ¡Cuidado! Porque ellos no son invencibles ni inmortales. Son PERSONAS que, como tú, afianzan la cadena del bienestar, eslabones tan necesarios como el que más.

A todos ellos: Aplausos y agradecimientos por seguir estando ahí.

Pero, ¿quiénes son? Te preguntarás.

—No lo sé. Mira a tu alrededor y los descubrirás.

A todos los desconocidos héroes invisibles:

Seguid así.

Que nadie os vea

pero que todos
os reconozcan.

En contrapartida, los salvadores del mundo, seguían maquinando como evitar que la gente se hiciera inmune con las vacunas y pensaron:

—Haremos que las vacunas se relacionen con trastornos tromboembólicos raros. Hasta que se cumplan los objetivos establecidos:

—Reduciremos la población mundial un 20%. Esto no es cuestionable.

Estas suposiciones o especulaciones mías, tal vez algún día me den la razón, de que el virus que matará al 20% de la población mundial, salió de un laboratorio de manera intencionada.

La ultima especulación malintencionada de la gente:

—La Seguridad Social pierde en el año del Covid, 61.000 jubilados más que en 2019. Esto no es casualidad. La gente miró la desidia e incompetencia por un beneficio económico para las arcas de la Seguridad Social.

El precio del poder no tiene precio, tal vez, motivado por el desprecio generalizado al político.

He aquí una de las frases de don Eufrasio que le viene como anillo al dedo:

—*La alegría de la cara se detecta por el brillo de los ojos, que se desvanece al observar las zonas oscuras del otro ojo, el oculto.*

—El número de pensionistas cae por primera vez desde que hay registros y el aumento del gasto en pensiones pasó de casi el 5% al 2,3% en 2020. Ahorro para la Seguridad Social.

La evolución es dramática cuando se analizan las bajas por la falta de asistencias.

Acabaré este interesante capitulo con una frase de don Eufrasio:

—*Grandeza y humildad siempre van de la mano.*

Nosotros continuemos con lo nuestro. Nuestros objetivos son otros muy diferentes. Ayudar a repoblar nuestro pueblo de bienestar para todos.

Capítulo 15

Un día de primeros de otoño, estábamos a la mira de la puesta de sol en la terraza, mi primo Norberto y yo; sobre la mesa, la ya conocida taza de café y la torta de chicharrones. Y como hombres, hablamos de cosas de hombres.

Para romper o iniciar la conversación le comenté:

—Yo siempre he valorado la espontaneidad, adoro el aquí te pillo, aquí te mato. El gran disfrute de la pareja puede estar en cualquier escenario y situación. Siempre tuve claro que la fantasía era fundamental a la hora del regocijo de la pareja.

—Sí, pero, si tu mujer no sabe, o no quiere, ¿qué haces? —preguntó Norberto un tanto enojado por lo que se imaginaba que se había perdido en todos los años de juventud matrimonial. A lo que yo le contesté:

—Mi querido primo, te diré una cosa:

—El sexo es vida, por eso, a la esposa, a tú mujer, la que elegiste compañera para siempre, hay que enamorarla cada día que sale el sol, desde el alba hasta el atardecer. Muchos matrimonios sólidos en apariencia, se ven perjudicados por este mal endémico. Los dos son culpables, tanto el hombre como la mujer, por creerse o simplemente relajarse y pensar que, una vez casados tienen mujer u hombre para toda la vida. Craso error.

Una mujer necesita a su hombre apuesto y dispuesto para que abandere su bienestar continuamente, y a cada momento.

Y un hombre, necesita que su esposa lo cautive y enamore con la insinuación de la mirada, la perspectiva del objetivo, el arrumaco permanente, la palabra pacífica y bondadosa. Esos básicos detalles deben predominar siempre.

—Le expliqué por encima.

—No lo veo primo. Si la vida en el matrimonio es como tú dices, me siento ahora mismo como un fracasado total.

—Entonces… ¿cómo lo hacíais? —pregunté.

El bueno de Norberto enmudeció por un momento. Su reacción fue así:

—Verás, me da vergüenza, pero te lo diré:

Al principio, siempre que llegaba del trabajo, después de dar el jornal, le decía a mi mujer:

—¿Vamos hacer una Enriqueta? Y unos días decía sí y la mayoría decía que no.

—Qué barbaridad. Un matrimonio debe estar basado en la confianza mutua, con la cantidad suficiente de libertad para expresarle tus deseos experimentales sin temor alguno —le advertí a mi primo.

Es una pena, lo que me acabas de decir me lleva a pensar que vosotros dos no habéis disfrutado del sexo en absoluto. Qué pena.

—Qué pena ¿por qué? —respondió como muy ofendido Norberto.

—Simplemente porque ya no hay marcha atrás. Porque tu juventud se ve, o está mermada por el paso de los años. Es imposible recuperar el tiempo perdido.

—Tu mujer es de esas mujeres elegidas que saben lucir el tipo. Es una de las mujeres con mayor atractivo de nuestro país —dijo Norberto sin el menor reparo. Y continuó:

—Cuando iniciamos juntos el proyecto de vida en común, nunca tuvimos en mente el final. Yo personalmente, creía que nuestros continuos halagos durarían toda la vida —le repliqué. Y continué diciéndole:

—Con su edad, aún es capaz de regalar movimientos espectaculares en sus andares. Cuando Damiana utiliza su penetrante y sensual mirada, no hay hombre en el mundo que no se rinda a sus pies —le comenté tratando que se calmara un poco. Y continué diciéndole:

—Claro que sí, ella siempre está acicalada para lucir su tipo, de lo manera más sexy posible. Me enamora cada día, desde el amanecer hasta el atardecer.

Yo nunca me opuse a su manera de ser. Siempre valoré las palabras que don Eufrasio antes de casarme con Damiana:

—*Una esposa feliz, es igual a una vida feliz.*

Escucha lo que pienso que debe ocurrir en una relación:

—Si todo lo iniciado con deseo, no acaba con la expresión de ella o de él con un dicho satisfactorio, lo ocurrido habría sido un fracaso.

Lo correcto y satisfactorio, sería algo así:

Dice él:

—Todo fue un disfrute ardiente, un ratito relajado, placentero y satisfactorio para ambos. Lo ocurrido hoy, pasará a nuestra reminiscencia personal.

—Jamás lo olvidaré, contestaría con voz melosa ella.

—Lo que las parejas valoran, es la espontaneidad de la mujer y del hombre, cuando uno u otro posa en lencería fina e incluso sin nada —esa intimidad de imágenes íntimas y personales— es valorada en su máxima expresión por la pareja. Es una acción con recompensa asegurada —le comenté de nuevo a Norberto.

Mi primo se quedó un tanto pillado con la confesión anterior y continuó diciendo:

—Volviendo a mis entresijos conyugales te diré que:

—Yo, con todos los años que tengo, jamás me he emborrachado, pero si tuviera que hacerlo pienso que este sería un buen momento. Ahora déjame que te confiese:

—Siempre fuimos una pareja de beso rápido y... a dormir.

—¡Déjalo primo! —le grité al bueno de Norberto. No tienes que contar los secretos de alcoba.

Ahora deberíamos de pensar en lo que te voy a decir:

—He vuelto a sentir algo que era inusual e impensable en Cataluña:

—El silencio, ¿no es genial? —le pregunté.

—Sí, tienes razón. Es hora de pasar página. Estoy tan ilusionado con el presente que no debo pensar en el pasado. A partir de ahora solo pensaré en el futuro.

—Piensa en uno de los muchos consejos y refranes que me dio y dijo don Eufrasio, mi cura confesor y amigo:

—*Ningún mar en calma ha hecho experto al marinero.*

Cuando decidí volver a mi tierra, en realidad huía de un lugar donde nadie dice la verdad. Ya nadie discute la decadencia que hay en Cataluña, por esa razón, ahora mismo, lo que tocaría sería reconstruir lo destruido por el procés, y yo ya no estaba para esos menesteres.

Todos los emigrantes, unos más que otros, recibimos un trato vejatorio de los catalanes a los emigrados españoles. Soportamos un desplante detrás de otro. No fueron justos, nunca valoraron nuestras aportaciones a su despegue económico.

—Primo, piensa que estamos en el mejor lugar del planeta para envejecer con normalidad. Ahora lo que toca es pasar página. Es verdad que los días se nos pueden hacer muy largos sin poder disfrutar de la compañía de nuestras parejas.

—Bueno, no es tu caso pero sí el mío. Yo hecho mucho de menos a mi compañera del alma, pese a nuestras diferencias propias de un matrimonio duradero —me dijo Norberto con buen criterio.

—No te creas, yo me repatrié porque a veces necesitaba estar solo —le dije a mi primo

Norberto. Él, no se cortó lo más mínimo y me contestó:

—Los hombres, por nuestra condición al igual que las mujeres necesitamos espacios. Al margen de que nos guste o no, ayudar con la compra, doblar sabanas y hacer recados. Pero después de todas esas tareas, queremos y necesitamos, unos minutos u horas para estar con nosotros mismos. Leyendo, viendo la tele, hablando con los amigos por móvil, contestando emails o, simplemente, pasando un rato en soledad silenciosa. Esa necesidad psicológica, diría yo, las mujeres y los hombres tenemos que respetar y entender.

Yo lo miré fijamente y cambié la conversación. ¿A ti te pasó lo mismo que a mí? Antes de tener niños, todas las noches teníamos nuestro momento de gloria. Nos amábamos intensamente. Mi mujer me quiere, me decía para mis adentros.

Todo cambia cuando le dices con cara de enfadado a tu mujer:

—Le haces más caso al niño que a mí.

La realidad sexual, es que todo cambia cuando llegan los niños. Por regla general, todas las mujeres le dan prioridad a sus retoños.

Alardean de que los hijos son más suyos que los del marido. Pasamos de ser el foco de atención a ocupar un segundo o tercer plano, porque las suegras están ahí. Ellas, las esposas, necesitan de sus consejos maternos para criar a sus hijos. Y ahí estas tú, entre dos fuegos. Cruces de opiniones, consejos, detalles, quehaceres... y niño. Los tres unidos a modo de comando de guerra, buscan a la misma víctima, tú, un ser simple y humilde que se encuentra atrapado.

Pasamos de ser los receptores de mimos y cariños a los olvidados.

Nuestro consuelo es que nos pasa a todos. Es ley de vida, no reconocida pero no por ello es plato de buen gusto de ningún marido.

Todo se vuelve a peor cuando ellas te dicen:

—Cariño, has engordado.

Y la miras con resignación y bajas la mirada a tu tripa. Eso les pasa a la mayoría porque el amor es así:

—*Sin barriga no hay satisfacción.*

La vida continuará sí o sí.

Capítulo 16

—Firme en su atril, con mirada segura y con gestos esperanzadores, la señora Presidenta de la Comisión Europea, la alemana Ursula von der Leyen anunció la llegada de la anhelada vacuna contra la Covid-19. Prometió que los europeos empezaríamos a recibir los primeros picotazos los días 27, 28 y 29 de diciembre en toda Europa.

Pero siempre aparece un pero, teníamos que esperar que la Agencia Europea del Medicamento diera su visto bueno a la vacuna de Pfizer y BioNTech, y una vez recibido el OK, la Comisión Europea confirmaría, como suele hacer habitualmente, esa autorización para que se comercializase. Pese a los peros, fueron unas palabras alentadoras de la presidenta europea por lo que nos sentimos satisfechos al saber que todos tendríamos el fármaco salvador al mismo tiempo.

La noticia del día por el Coronavirus en España, Europa y el mundo, fue acogida con aires de satisfacción:

—Por fin una buena noticia después de un año encerrado o confinado en nuestro hogar, teletrabajando en casa.

La presidenta de la Comisión Europea Ursula von der Leyen, anunció en redes sociales:

—*"Es el momento de Europa. Protegemos a nuestros ciudadanos unidos. Somos más fuertes juntos".*

Y empezaron los pasos burocráticos. Mientras los ciudadanos esperábamos expectantes el resultado del citado comité de la Agencia Europea del Medicamento.

Son días difíciles, donde se tardaba 67 días en un proceso normal, los técnicos lo harán en apenas dos días.

Los políticos de turno salen a los medios para decirnos:

—España está preparada para vacunar contra el Covid-19.

Menos mal que el encierro me pilló en el pueblo y bien acompañado.

La gente en general esperábamos las vacunas como agua de mayo. Salvo una cantidad de gente negacionista que se negaba a pincharse. Para otros —la mayoría— era la solución al problema. Era el adiós a las malas noticias, la luz se empezaba a vislumbrar.

Pero pese a la buena noticia el repertorio de alarmas crecía. Sirva como ejemplo los titulares de prensa del día 17-12-2021:

1. Más jóvenes y niños, así es el perfil del ingresado en la segunda ola.
2. Uno de cada 10 españoles se ha contagiado de Covid-19 según el estudio de seroprevalencia del Instituto de Salud Carlos III.
3. La incidencia acumulada vuelve a estar, de nuevo, por encima de los 200 contagios.
4. Mientras que el mundo lucha por la supervivencia. *El Congreso de los diputados aprueba, con 198 votos, el derecho a la eutanasia en España.*

5. Medio centenar de médicos alertan de una grave tercera oleada si no hay "sacrificios" esta Navidad.

6. El presidente francés Emmanuel Macron, positivo por coronavirus.

7. Alemania encara una Navidad sin comercios y con cenas muy reducidas en familia. Cierre casi total de la vida pública. Cierran las tiendas no esenciales, escuelas y guarderías por la Covid, y no habrá petardos en Nochevieja.

—Primo, no te fíes de alguien que permite que se le caliente la cerveza o que se le enfríe una croqueta. Atácale que están buenísimas.

—Qué cosas tienes primo.

Don Eufrasio, el cura, me decía cuando algo iba mal:

—*Todo pasa por alguna razón.*

Sí, pero esto es demasiado, la gente de todo el mundo se está muriendo por culpa de un virus que salió de un laboratorio o de un murciélago. No le veo la razón.

Dos meses más tarde del inicio de la vacunación en España y en el mundo.

Con los inicios de la campaña en marcha, surgió el escepticismo provocado por los negacionistas y por la falta de credibilidad de los políticos: gobierno y oposición incluidos (la gente duda de los políticos, da igual lo que digan o hagan), siempre hay alguien que los cuestiona, dependerá de los pensamientos de uno o del otro.

Recuerdo una de las frases de don Eufrasio:

—La suerte, al final, siempre se acaba.

Norberto paralizó mi embalada explicación para decirnos al grupo:

—Lo bueno de hacerte mayor es que dices siempre lo que piensas. Y digo esto porque pienso en toda esta historia y huelo a mierda por todos lados. Es verdad que la gente de a pie valoramos el esfuerzo de los profesionales que, en tiempo récord, consiguieron hacer, y que se autorizaran vacunas, por las autoridades competentes como la OMS o la Agencia del Medicamento en Europa. Eso está muy bien pero la pregunta del millón es:

—¿Quién o quiénes están detrás de esta mierda?

—Hombre primo, piensa que todas las vacunas las produjeron laboratorios fiables —le comenté. Él me respondió:

—Sí, es verdad, pero sabes que estos laboratorios están subvencionados por entes públicos, y cobran el fármaco a los gobiernos que previamente subvencionaron a precios de oro y lo que es peor aún, suministran al mejor postor.

Véase el caso del gobierno israelí. —¿Son astutos los judíos o no? A ellos no les falta vacunas, tienen todas las que necesitan y pueden suministrar a toda su gente. —Don dinero manda primo, como dijo Quevedo:

—Poderoso caballero es don Dinero.

Bueno, a lo que iba:

—Algunas vacunas convencen más que otras. Sobre todo por la aparición de nuevas cepas: británica, brasileña, sudafricana... que al parecer son resistentes a algunas de las que se están suministrando a la población.

—Y más cepas de esas que seguirán apareciendo, ¿no ves que los laboratorios han encontrado un filón de oro con las vacunas? Aquí tenemos mierda del coronavirus hasta que nos muramos más de la mitad. Norberto insistía:

—Y con todo este embrollo, la gente dudamos y nos preguntamos sin tener el conocimiento de lo que está pasando:

—¿Son motivos de peso para esas reticencias?

Los poderosos no sueltan prenda, y si lo hacen, lo siguen haciendo con el más estricto de los secretos en sus clandestinas reuniones.

Tal vez tengas razón, pero hoy la gente puede hablar y manifestarse, la mayoría de países vivimos en democracia. Digo esto porque un grupo heterogéneo de científicos solicitó una investigación *exhaustiva, independiente y creíble* sobre el estallido de la epidemia. No se fían de nadie. Ni de las conclusiones de la OMS en Wuhan, donde empezaron los primeros casos oficiales de Covid, no cumple con esos requisitos, aseguran. Lo que avala mi sospecha, la tuya y las de medio mundo. Todos nos hacemos la misma pregunta:

—¿Y si fue en el laboratorio?

La verdad es que estábamos a un año desde el inicio de la pandemia y no se descarta ninguna teoría, incluida la posibilidad de que el virus pudiera haber sido producido por un laboratorio con fines militares o lucrativos.

Yo personalmente me pregunto:

—¿Fue queriendo o sin querer?

—¿Necesitaban probar el invento?

—¿Fue obra de un loco u orden de un complot?

—¿Y si fue un Gobierno?

Sea quien fuere o como sucediese, las preguntas tienen difícil contestación. Lo que nadie sospechaba es la reacción de la gente, el afán de lucha y entrega por los demás. Los humanos sacamos la cara humana cuando la situación nos exige sacarla.

Ante tanta información, la gente inició sus propias sospechas, yo aposté por esta posibilidad y se lo dije al grupo: Norber, Beatriz y Eloísa:

—Personalmente creo que el Coronavirus pudo ser creado por una civilización alienígena o por un laboratorio chino o americano.

—Entonces, ¿tú crees que el virus que está matando al mundo fue obra de una civilización extraterrestre? —preguntó Norberto con tono alterado, pese a estar todos tranquilos.

—Sí, no la descarto —le contesté sin pensarlo.

—Esto es una locura —dijo Eloísa con cara de preocupación en vista de lo que estaba ocurriendo.

Después de la conversación sobre el COVID, pusimos el telediario y al oír lo que dijo el político de turno sobre las vacunas, nos echamos a temblar cuando afirmó:

—No hay motivos para recelar de ninguna de las vacunas aprobadas. ¿Por qué será?

Beatriz que permanecía seria, con cara de preocupación nos miró y dijo:

—El mundo no necesita cien vacunas para proteger a la población, solo necesita una vacuna pero que sea universal y sin ánimo de lucro. Así se evitaría a los buscadores de fortunas a costa del mal ajeno.

Tenía razón, pero los únicos que pueden sacarnos de esta *mierda,* son los mismos que nos metieron en ella. Los laboratorios y esos, entre ellos, no se fían los unos de los otros, es mucho el dinero que hay en juego. Piensa solo en el dineral que pueden sacar si son los primeros en inventar la vacuna.

Es verdad que exponen su dinero y su tiempo y gracias a esa codicia por el dinero, no escatiman en gastos.

Entramos en la recta final entre las farmacéuticas para ver quién es el primero.

La población internacional empezó a ponerse nerviosa con las vacunas, hasta el punto de entrar en cólera por la vacunación de este fármaco.

Los negacionistas, que los hay para todo, llegaron a generar este titular:

—El caos en la vacunación dispara las cancelaciones por miedo a los trombos. Mientras tanto, los comentarios en el mundo no cesan con amenazar que llegaran nuevas olas mutantes.

—Eso ya lo sabes —replicó Norberto que estaba un tanto escéptico.

—Dejémoslo ahí, ocurrió sin más. Cuando la gente estaba ilusionada con la solución de la vacuna, pasó a aumentar su malestar con la presencia de la variante india que según indican los virólogos, podría ser más contagiosa y resistente a las vacunas. Sin embargo, la OMS la consideró una simple variante de interés y no una variante de preocupación.

—Mi hartazgo por la pandemia no me deja respirar. Aquí hay demasiadas especulaciones y pocas verdades. Entre otras cosas porque nadie sabe de qué va todo esto.

—¿Acaso crees que esto puede ser un castigo divino? —preguntó Beatriz.

—Vivimos en mundo nuevo, un mundo que nadie se había imaginado. Así que cualquier teoría puede ser válida. Alguien en cualquier lugar de la tierra tendrá que pedir perdón —les dije a los cuatro. Eloísa que permanecía en modo espera, dijo con la serenidad que emana una mujer segura de sí misma:

—Nadie pedirá perdón por el pasado porque los que lo hicieron ya están muertos.

Mientras tanto, la OMS pide una nueva investigación sobre la hipótesis que sostiene que el coronavirus salió de un laboratorio. Todo esto después de considerar que esa teoría es la menos probable, dicho por la propia OMS.

—Sí, pero dudan. La gente quiere y necesita saber:

—¿Dónde se originó el coronavirus? Y, ¿cómo saltó al ser humano?

Nadie lo sabe. Se habla del mercado de Huanan, en Wuhan, donde se detectaron la mayoría de los primeros casos. Solo son suposiciones.

El organismo competente OMS pide más información a las autoridades chinas para sus investigaciones.

Ya lo advirtieron un grupo de científicos europeos y americanos expertos en virología que el informe de la OMS en Wuhan no será objetivo.

Las dudas siguen y la gente nos seguimos preguntando lo mismo:

—¿Dónde se originó el coronavirus? Y, ¿cómo saltó al ser humano? Y, sobre todo, ¿quién o quiénes hay detrás de todo esto?

—La gente solo sabe que el problema de la Covid-19, que vivimos hoy, fue generado por la solución de ayer —comentó Beatriz.

La misión enviada por la Organización Mundial de la Salud (OMS) a Wuhan (China) para investigar de dónde proviene el virulento patógeno, barajó cuatro hipótesis posibles:

1.	El coronavirus llegó al ser humano de uno o más animales. (La mayoría de la gente no se la cree).

2.	El coronavirus saltó directamente de la especie portadora al humano. (La credibilidad es cero).

3.	Se introdujo en los humanos a través de un producto animal congelado. (Esta hipótesis es la menos creíble por el gentío).

4.	Fue liberado accidental o intencionadamente en un laboratorio. (Esta es la verdad que los ciudadanos del mundo se creen y necesitan que la ratifique la OMS).

5.	Mi particular teoría:

—A medida que avanzan los días, las especulaciones siguen creciendo por encontrar el origen del coronavirus. Hoy día 31 de mayo de 2021 ha pasado un año y medio desde que estalló la pandemia. Todo apunta que la fuga del virus se produjo en un laboratorio de Wuhan.

Yo personalmente continúo mis investigaciones particulares desde la distancia y confirmo que:

Primero: no cuestiono nada, ya que todo pudo ser posible.

Segundo: sigo pensando que el culpable de todo, está en la aparición de la tecnología 5G inventada por los chinos.

Tercero: salió de un laboratorio de Wuhan. (Sí)

Cuarto: la pregunta es ¿quién lo metió y quiénes lo dejaron escapar?

Quinto: Aquí aplicaré una pregunta policial. ¿Quién o quiénes se benefician de todo lo que está ocurriendo? Hasta ahora, las vacunas, en su mayoría, han salido de los Estados Unidos de América, aunque se fabriquen en laboratorios distribuidos por el mundo, las patentes son suyas. Sin embargo, los servicios secretos de inteligencia de EEUU no tardarán en culpar que todo fue debido a un error de los chinos. El mundo entero está temeroso por el poder económico y social de la *segunda* potencia mundial. Y, aun así, el mundo quiere o necesita seguir fabricando allí; una incongruencia detrás de otra.

El 11 de marzo de 2021 se cumplió un año del anuncio de la Organización Mundial de la Salud de que estábamos ante una pandemia. Hay que buscar todas las piezas del puzle para poder encajarlas en su sitio.

Las noticias que llegan desde China son preocupantes:

—Seis familias denuncian a las autoridades chinas:

—*El coronavirus no fue un desastre natural, sino un crimen.*

Una parte importante de la población China sostiene que las autoridades ocultaron la epidemia por temor al daño económico. Aseguran que fue una **negligencia criminal.**

Ahora, un año y medio después, los EEUU revelan que recibieron advertencias de que la Covid-19 pudo ser creada en un laboratorio.

Hoy, día 8 de junio de 2021, los medios de información especializados informan que:

—Los científicos aseguran que el genoma del Covid-19 demostraría que salió de un laboratorio.

—Os diré que, bordeo los 70 años y, después de tanto tiempo de vida, estoy considerado como el mito y la religión del empresariado, el último guardián de las esencias. Me llaman o me siento:

—Un emigrante con suerte, autoreconocido como EL SIMPATRIA y EL APÁTRIDA, cuando yo sólo quiero ser invisible. Más allá de mi leyenda y literatura, hay una historia de 42 años en Cataluña, soy dueño del mayor holding de empresas de España. Los números no eran lo mío, sino armar de medios a los trabajadores foráneos y nativos. Digo esto para que escuchéis con atención lo que os voy a decir:

—El único dique serio para frenar a la Covid-19 es la vacuna. Después están: la responsabilidad, la prudencia y la voluntad. Con estas recetas el mal será menos mortífero y mucho menos contagioso.

Pero no debemos olvidar a los siete *poderosos salvadores* del mundo y responsables de la pandemia CORONAVIRUS COVID19. Porque ellos volverán a reunirse con urgencia. Su objetivo son las muertes y el tiempo es su aliado.

Así ocurrirá cuando el responsable económico internacional tome la palabra en la supuesta reunión, mostrando una alta irritabilidad:

—Los ancianos siguen y vuelven a ser un problema, la mayoría han sobrevivido a la pandemia. Ahora están vacunados y por consiguiente vivirán demasiado tiempo y ese riesgo hay que evitarlo. Así no podemos seguir, el mundo es insostenible. Insisto, tenemos necesidad absoluta de reducir la población, mínimo un 50% e imponer una política de no más de un hijo por familia.

Yo seguía imaginando lo que estaría ocurriendo en aquella hipotética reunión y deduje que:

El *talentoso* militar gritó tras las temerarias palabras del responsable económico:

—¡El talento sin el apoyo incondicional del esfuerzo nunca es suficiente! Y continuó diciendo:

—La disciplina es válida para todas las acciones ya sean honestas o malévolas.

—Ha pasado un año del inicio de la pandemia, y lo podemos considerar como un fracaso, ya que nadie de los presentes nos creíamos que los laboratorios iban a ser tan efectivos en sacar tantas vacunas en un periodo tan corto de tiempo.

—Necesitamos una pandemia más mortífera que esta. Y no me refiero a nuevas incorporaciones de mutaciones o cepas como, la cepa de Reino Unido, la cepa sudafricana, la cepa brasileña, con estos nuevos brotes lo que estamos avisando a la gente que las pandemias salen de un laboratorio. Los ciudadanos no creen que esto sea natural. Nadie se cree ya, que la Covid-19 salió de una rata, murciélago o de una musaraña.

—Tenemos que ocultar nuestros propósitos que no es otro que el exterminio masivo o genocidio planetario.

—Debe de ser algo sin explicación, como si fuera la invasión de una civilización extraterrestre. La gente deberá pensar que se trata de un objeto artificial procedente de una panspermia intergaláctica.

Hay que cambiar el mundo. Somos demasiados. Debemos continuar con el exterminio.

Mientras tanto, la gente estaba despavorida por la vacuna AstraZeneca ya que sus efectos secundarios eran letales en algunos casos por la aparición de trombos.

Las autoridades no cesaban en el empeño de valorar al alza los beneficios del fármaco. Comparaban datos de efectos con las otras vacunas como la Pfizer y Moderna, asegurando que los rechazos eran mayores en estas que en la vacuna catalogada como la "La Chunga".

Lo que la gente no sabe o no quiere saber, es que:

—Ninguna vacuna, como en ningún medicamento, el riesgo es cero.

Cuando los beneficios superan ampliamente a los riesgos, según los estudios de las agencias reguladoras hasta ahora; aunque hay diferencias por edades. Vuelve el burro al trigo, el vulnerable es el de siempre, *los mayores de edad* no de espíritu.

—Creo sinceramente que todos los supervivientes del virus maldito, estamos acreditados para recibir un diploma acreditativo de reconocimiento al superviviente. Está siendo demasiado para muchos.

La mayoría estamos vacunados. Cuando todo parecía estar controlado aparece otra variante nueva, La Delta plus, al parecer supera a todas las anteriores. Y la gente nos seguíamos preocupando por el bicho de los co....es.

Todo esto por la continua obstinación por el poder. La competencia entre EEUU y China no es un asunto nuevo, el conflicto continuo por la revolucionaria tecnología del 5G, tal vez por lo que se inició este conflicto contra la humanidad que lideró el malvado Covid-19.

El mundo aprendió a convivir con un enemigo invisible que nos atemorizó a todos.

1. Acaparamos comida como si llegara el fin del mundo.
2. Dejamos de comer en el mismo plato.
3. Aprendimos a ponernos el brazo cuando tosíamos.
4. No sabíamos vivir sin mascarilla.
5. Compramos online.

Entramos en la cuenta atrás sin cortapisas. La vacuna es la solución. Sí ¿pero cuál?

—Da igual, la que sea, si está comprobada y es la solución al problema, es buena, qué más dará la que te pongan, ya sea Pfizer, Moderna, AstraZeneca o Janssen.

Todo lo que en España se hace con normalidad, en Cataluña tratan de enredar. En plena vacunación en la comunidad catalana, alguien decidió no vacunar a policías ni guardias civiles por ser españoles —manda huevos señores— una auténtica marginación xenófoba. El odio a lo español persiste y nadie lo persigue.

En esta parte de España los políticos de antes y los de ahora son los únicos culpables de todo cuanto acontece allí. Es el fruto de cambiar votos por concesiones. El sillón del bipartidismo nacional: PP, PSOE o PSOE, PP es el único responsable de la situación actual en las comunidades conocidas como independentistas.

Llegado a este punto, volvamos a lo que nos ocupa que no es otro que las vacunas.

El problema ahora está en buscar la solución para los que no quieren ponerse la vacuna. Son los negacionistas e inconformistas de todo por sistema. Ellos, con su actitud negativa, arriesgan sus vidas y la de los demás. Con su negativa están asegurando la continuidad de la pandemia.

Yo tendría claro que hacer con estos personajes tan abstractos primo:

—La vacuna debería ser obligatoria y el que no quiera ponérsela a la cárcel.

Todos teníamos que tener un certificado Covid que incluyera la vacunación, los test más recientes y la inmunidad por tener anticuerpos.

Hay que reactivar la economía y si puede ser antes del verano

¡Por fin! Una noticia buena después de un año de incertidumbre y malestar generalizado. Las mascarillas no son obligatorias al aire libre, sí en interiores. Pensaran algunos.

Mientras tanto, las negacionistas decían:

La creación de una tarjeta de vacunación dividirá a Europa. Son los mismos que ponen en duda si vacunarse es bueno.

Se trata de viajar o no viajar por tu país, Europa y por el mundo. Simplemente, eso es bueno para toda la gente. Moverse es una necesidad.

Son argumentos opuestos que resultan hoy familiares de un colectivo agitador de incrédulos que hacen dudar a las mentes más débiles del planeta.

La OMS seguía con sus pesquisas y elaboró un informe sobre el coronavirus donde apuntaba que su origen era de animales en granjas de especies exóticas.

Este informe sale a la luz porque están convencidos que no se escapó de un laboratorio de Wuhan, es algo —altamente improbable—. Aunque no se descarta ninguna opción. O sea sí, pero no.

La gente seguíamos especulando con todo lo relacionado con las desdichas que la sociedad mundial estamos padeciendo.

Hasta ahora primo la gente no está pensando que la comida está asegurada aquí donde se produce. Los pobres que le afectará la hambruna serán los que estén lejos del origen del alimento, lejos de las zonas rurales —aseveró con firmeza el bueno de Norberto.

Lo que la gente no sabe o quiere no saberlo es que ante una catástrofe de magnitudes universales los beneficiados serán las religiones porque la gente volveremos a la superstición, que como todos sabemos, está dominada por religión.

En la última reunión de los superhéroes salvadores del mundo, el representante de laboratorio originario del Coronavirus dijo:

—Tenemos una nueva variante del Coronavirus. Esta es con diferencia la más contagiosa de todas. Hará tambalearse al mundo. Si somos capaces de introducirla al poco tiempo tendremos que pararla con nuestros particulares antídotos. El miedo regresará y la gente querrá esconderse de nuevo, no salir de casa y hablar solo por teléfono. Las personas volverán a ser virtuosos y virtuales.

Por mi parte actívala cuando quieras. Van a morir como moscas y lo mejor de todo es que creerán que todo pasa por algo.

—Que fluya —dijeron los siete poderosos salvadores del mundo.

Antes de despedirse, el representante del país gallito comentó:

—Si la gente sobrevive al invierno. Si superan la alerta de la OMS y si los sanitarios superan el abismo al que se les está poniendo. La nueva y mortífera variante Ómicron durará menos de tres meses. Puedo vaticinar que es posible que el Coronavirus termine en 2022.

La gente no quiere morir, cancelan hasta las vacaciones.

Capítulo 17

Reconozco que estoy en el corredor de la muerte, pero que me quiten lo *bailao*. He vivido más vidas que la mayoría de la gente han podido soñar.

Pero dejemos ese tema apartado primo. Centrémonos en nuestra misión de repatriados, ya que sigue siendo la misma: beneficiar la vida de los ciudadanos del pueblo y la comarca.

Yo, desde mi voluntario exilio observo las aberraciones políticas que algunos pretenden llevar a cabo en Cataluña. Con sus descaminadas hazañas están deslegitimando la democracia en Cataluña y España.

Debo reconocer que Cataluña me lo ha dado todo. Desde que llegué he reído y llorado mucho, pero desde un tiempo a esta parte, lloro más que río, pese a tener mucho dinero y demasiados negocios fructíferos en esa Región española, hoy Comunidad de España. Por esa razón mucha gente pensó que lo mío fue un adiós inesperado.

El mayor de mis hijos, Nicolás, ahora Nicolau, se presentó sin avisar con su familia. Se quedó sorprendido cuando visitamos los olivos del Cerro de las Albahacas. Miró al cielo y me dijo:

—Papá, tu adiós imprevisto me sorprendió, hoy he visto la diferencia y el porqué como valoro el cambio de Barcelona a vivir en el campo, entre olivares, un lugar sin coronavirus, donde se respira aire de verdad. Y continúo diciéndome:

—Desde el primer día que llegué aquí, me he olvidado, entre comillas, de la Covid-19. La pandemia ha sacudido al planeta de forma asimétrica. El coronavirus ha llegado a todos los lugares de España y del mundo, excepto en este rincón del planeta. Todavía me sigue chocando ir sin mascarilla entre este inmenso mar de olivos. Me siento un privilegiado.

Le puse mi mano sobre su hombro y dándole un ligero apretón le dije muy en serio:

—Los nacionalistas os marcáis unos objetivos que adolecen de realidad. Seamos serios. No sois realistas, jamás el Gobierno español podrá daros la independencia, no porque no quiera, es porque ni puede ni debe.

Hace un tiempo el primogénito de Nicolás, Nicolau, le reprochaba su patriotismo nacional dado que él representaba al nacionalismo catalán. Pese a saber todo sobre su padre le dijo:

—Mira y escúchame con atención papá:

—En Barcelona, la gente de orden no puede vivir, aquello parece Sarajevo en el momento más álgido de la contienda. Ver las calles devastadas por el ciclón de la manifestación incontrolada por jóvenes indisciplinados con tintes de malhechores, al mismo tiempo que otros luchan por salvar la economía de Cataluña, a veces en contra del propio Gobierno de la Comunidad. Es un despropósito detrás de otro.

—Por esa razón, respeto y valoro más que nunca el repatriamiento a tu rincón del Paraíso.

—Gracias hijo —le comenté, y seguí:

—Cuando lleguemos a casa te contaré las ideas que tengo para engrandecer la vida de mis paisanos y la de todos los que quieran volver o instalarse en la comarca del Alto Guadalquivir por si te interesa instalarte aquí conmigo.

—Lo siento papá pero no puedo quedarme más tiempo, la política de mi gente me llama. Piensa que yo respeto y admiro tu decisión por volver con tu gente, pero mi vida continúa allí, en mi tierra catalana, yo nací allí, no aquí y, por eso soy de allí y no de aquí.

Tú deberías de entender que mi gente está donde nacimos mis hermanos y yo. Aquí me siento muy a gusto pero yo soy de allí y lo soy por culpa tuya y de mamá por haber formado una familia en aquel país.

—Comunidad hijo, comunidad Española. Es verdad, huir de la casa de uno, fue lo peor de lo peor —le aclaré a mi primogénito exaltado. Y continué aclarándole las ideas a mi hijo mayor, llamado Nicolás, como su padre, abuelo y como el padre y abuelo del padre de estos.

—Me fui y triunfé en Cataluña, porque cuando lo pasas mal se aprovechan mejor las oportunidades. Allí y desde el principio, recordaba constantemente las palabras de don Eufrasio:

—*La mejor filosofía es trabajar con alegría de noche y de día.*

—Es lo que hice e hicimos tu madre y yo durante muchos años. Contribuimos con la entrega de nuestra juventud al despegue económico de la región catalana.

—País papá —recriminó Nicolau.

—Mira Nicolás, tú eres catalán porque naciste en Barcelona, eso es un hecho inevitable, pero que me digas y defiendas que Cataluña es un país, no te lo permito porque eso no te lo crees ni tú. Debes dejar de engañar y confundir a los jóvenes.

—Está bien, vamos a dejarlo estar aquí.

— ¿Volverás pronto a tu casa catalana? — me preguntó Nicolás junior. A lo que yo le respondí sin dudarlo:

—Volveré desde el día de jamás, hasta el día, ni de coña. Aquí vivo con intensidad cada día y cada momento que me regala la vida. Aquí empezó mi vivir y aquí acabaré mi existir.

Cada uno es cada uno y cada cual es del lugar donde se nace, crece y se forma. Eso fue así, es y seguirá siendo así. Lo que me da por sentado que todos somos un poco nacionalistas e independentistas, desde los de mi barrio, pueblo, ciudad, provincia, comunidad, país, continente... hasta el país más recóndito del planeta y más escondido del universo.

Lo que si te puedo asegurar es que, en esta tierra andaluza, y más concretamente en este trocito de paraíso, no habrá nadie capaz de maltratar y aprovecharse de unos trabajadores que vengan a instalarse cuando este pueblo sea próspero. Ahora te contaré lo que me dijo mi primo que a su vez se lo dijo un amigo:

—Yo he tenido que oír a bastantes nacionalistas decirme:

—¡Español, márchate de aquí! Era evidente que los nacionalistas nos menospreciaban cuando nos decían:

— ¡Vete de aquí tú no eres catalán!

Me lo decían a mí, que llegamos a trabajar, nada más, que a trabajar. Y continuó:

—Mi hermana nació en una habitación con derecho a cocina y con un váter compartido que nuestros padres tenían alquilada a tres hermanos mayores, los más rácanos de Cataluña. Así, hasta que terminamos los pisos que estábamos haciendo y la misma constructora se encargó de vendernos un piso con facilidades.

Después supe que eras tú el dueño de la constructora.

Esta gente, y otros cientos de miles de obreros que nos presentamos en la comunidad buscando un trabajo, con el único y principal objetivo que ponerles un plato de comida caliente a nuestras familias y, por ende, hicimos grande este trozo de España llamado Cataluña.

Capítulo 18

A la mañana siguiente, reuní al equipo base para lanzar la idea de mejorar nuestra tierra abandonada por el hecho de estar considerada como zona rural.

—Os he citado a primera hora para iniciar sin más preámbulos el proyecto de *rejuvenecimiento rural*. El objetivo número uno es recuperar una cantidad de habitantes considerable. Para incentivar a inversores y valientes emprendedores le ofreceremos la mejor digitalización de la zona que nos ayudará a vitalizar e industrializar nuestro pueblo y aledaños. Ya solo nos quedaría subir el nivel de infraestructuras y servicios para asegurar una buena calidad de vida para sus habitantes, ya sean activos o jubilados. La idea es dinamizar la economía del pueblo con jóvenes locales y con la intención de repatriar a jóvenes descendientes de emigrantes o simplemente conseguir y acoger nuevos jóvenes de otros lugares con la idea de invertir su juventud y sus ideas en el pueblo.

E inicié una serie de arengas motivadoras:

—Dotaremos a todas las empresas de habilidades digitales, algo imprescindible en la época que vivimos. Así, las oportunidades laborales crecerán entre trabajadores y empresarios.

—Hay que promover el espíritu aventurero y valiente de los jóvenes.

—Abriremos una ventana para conocer la variada riqueza del pueblo.

—Es hora de ponerse las pilas, es hora de acabar con la mesura, ha llegado el momento de actuar.

—Empezaremos a gestionar el proyecto que me trajo de vuelta a casa y que tengo en mente desde mucho antes de instalarme aquí.

—Para conseguirlo me convertiré en un ser humilde y básico, mentiroso y fulero, si es por el bien de mi pueblo. Seré egoísta y desleal con los enemigos de mis raíces, pero todos seremos unos regeneradores de la población rural admirada por el mundo.

—Aquí las empresas tendrán más espacio para trabajar. El trabajo a distancia ya es un hecho globalizado. A los jóvenes talentos les daremos todo lo que necesiten para triunfar.

—Con las ayudas de las administraciones crearemos una zona comarcal de actividad industrial, comercial y de servicios.

—Buscaremos la fórmula adecuada para cada uno de los proyectos que nos lleguen.

—Seremos los abanderados para que nuestra provincia consiga ser la provincia modelo dentro del espectro español y por ende obtendremos un peso notable en Europa, ese será nuestro objetivo.

—Cuando era más joven os hubiera dicho:

—Vamos hacerlo sin prisas pero sin pausa. O de esta otra forma:

—No se trata de correr rápido, sino de acabar la carrera.

Hoy, viendo la edad que tenemos os digo:

—Pongámonos las pilas y adelante. A partir de hoy, nuestro éxito se basará en la constancia intensiva.

—¡Defenderé mi proyecto con ferocidad en defensa de nuestro territorio! —grité enaltecido por unos sentimientos arraigados.

Norberto, haciendo gala de su semblante tranquilizador dijo:

—¿Y no estaremos haciendo lo mismo que los catalanes acérrimos?

—Posiblemente sea así, pero si no lo hacemos nosotros, nadie luchará por nosotros.

—¿Y nuestros hijos y nietos? Ellos no querrán venir a nuestra tierra, porque ellos nacieron allí y por consiguiente su tierra es aquella —insistió Norberto un tanto preocupado por su gente.

—Ellos son de allí y lucharan por la tierra que les vio nacer. La única patria del ser humano tiene nombre y es donde vivió su infancia. Yo jamás les reprocharé, ni a ellos ni a nadie, que luche y trabaje por la tierra donde nació y se crio. Es la ley del territorio.

Los culpables de que nuestros hijos luchen por Cataluña somos nosotros por habernos instalado y haber formado una familia en aquella desagradecida región o comunidad española. Afortunadamente nosotros huimos del horror de vivir en Cataluña porque teníamos un refugio deseado y placentero donde vivir. Dichosamente para nosotros, volvimos donde nacimos y jugamos a este trozo del Paraíso interior.

La exprincesa de Dios dio las gracias al grupo luciendo un sensual vestido. A Beatriz, no le importó dejarse ver en esa guisa. Sabedora de su atractivo atuendo hizo un barrido ocular a los tertulianos y dijo:

—Entre el 1955 y 1973 salimos de nuestros orígenes alrededor de dos millones de personas y nos guste o no, huimos del fuego y caímos en las brasas.

—Eloísa que también formaba parte del diminuto grupo humano, comentó:

—Yo no sé por dónde empezar.

—Bueno, dejémoslo ahí. Tiempo al tiempo Eloísa. Vayamos a lo que nos interesa.

Os presento... mi idea, la de todos, nuestro proyecto:

Título: **Por ti y por ellos.**

Objetivo: Fomentar la población de los municipios con menos de 5.000 habitantes. Empezaremos por nuestro pueblo.

Así lo haremos: A las administraciones le pediremos ayudas para estos tres pilares básicos para repoblar el pueblo y, por ende, la España vaciada:

1. Potenciar las energías renovables.
2. Exigiremos menos impuestos a todas las administraciones.
3. Exigiremos la implantación de banda ancha. Será crucial para invertir dinero, mucho dinero. Y yo estoy dispuesto a invertir mucho de mí dinero a favor de mis compatriotas.
4. Dinamizar el empleo rural. Haremos del Pueblo de Santo Tomé un icono internacional.

—Haremos sociedades S.L. entre los que estén aquí o quieran venir a instalarse. Yo seré el accionista capitalista con el 51% de las acciones y el emprendedor tendrá gratis el 49% de las acciones, ellos solo pondrá su trabajo, su idea y su conocimiento. Si todo va bien a los tres años se queda con el cien por cien de la empresa. No es lucro lo que busco. Buscaremos gente emprendedora con ganas de trabajar y de triunfar desde aquí.

Aquí les daremos:

a.   Vivienda gratis.

b.   Equipos e instalaciones gratis.

c.   Asesoramiento legal.

d.   Marketing asegurado.

e.   Instalaciones de última generación.

f.   Actualización de normativas.

g.   Promoción de empresa a nivel nacional e internacional, si es necesario.

¿Cómo hacer para venga la gente?

—Haremos publicidad y admitiremos toda clase de propuestas.

—Tendrán acceso jóvenes nacionales y extranjeros. Sin ningún tipo de discriminación.

El único requisito:

—Instalarse en el término del pueblo. La sede central debe estar aquí, en su perímetro.

Primero hablaremos con el alcalde:

—Nos sentaremos en una mesa y ofreceremos soluciones y oiremos voluntades reales. Si lo hacemos juntos y unidos, creemos que las posibilidades son inmensas. Beatriz será la interlocutora para con las administraciones y autoridades públicas. Será aconsejada por

Eloísa con todo lo relacionado con el Ayuntamiento.

—¡Yo! —gritó la joven.

—Sí, tú conoces a toda gente y lugares del pueblo.

Preguntaremos por las casas que hay en venta o en alquiler en el lugar.

A.   Digitalizar la comunicación del pueblo será una acción preferente. Aprovecharemos la tecnología del 5G para aupar la diversificación de la base productiva.

B.   Divulgación institucional. Las autoridades locales serán las encargadas de difundir nuestros proyectos.

C.   Compra masiva de parcelas en venta y terrenos. Dispondremos de una cantidad ingente de dinero para las compras y edificaciones.

D.   Agilidad en las licencias de obras. Las autoridades deben estar comprometidas con el proyecto y de eso se encargará Beatriz.

E.   Gente preparada en informática de la localidad. Necesitaremos ingenieros informáticos para manejar las redes sociales y promover las páginas web de los emprendedores asociados.

F.   Recibiremos un aluvión de solicitudes que hay que gestionar. Nombraremos un comité de gestión local para que haga una preselección. Después elegiremos nosotros.

La bajada de ingresos en las grandes ciudades es una realidad. Es la hora de la vertebración real del territorio.

Fomentaremos la opción de cambiar la ciudad por el campo aprovechando el teletrabajo. Cambiaremos al mundo anidado de las superpoblaciones por producción, confort, bienestar y desarrollo en beneficio de la zona rural.

La ciudad ya no puede acoger a más desempleados, el paro es brutal y creciendo. Les daremos una solución repatriando a los amantes de la naturaleza y de paso aumentaremos la economía de agrupación dando una salida laboral.

Impulsaremos la salida de las ciudades fomentando el repatriado a los descendientes de los emigrantes que por razones laborales partieron de sus respectivos pueblos.

Enfocaremos la idea como una opción laboral interesante. Demostraremos con realidades que vivir en el campo es una opción interesante.

Aumentaremos el conocimiento de este país. Hasta ahora se nos conocía como amantes de los toros y el flamenco. Nosotros añadiremos, el afecto desde la vida rural.

El mítico aceite de la cooperativa, con casi seis siglos de historia, será nuestro santo y seña en todas las mesas y restaurantes de Europa y el mundo.

Solo decir aceite de la Cooperativa debe infundir respeto y relación con: salud, bienestar, robustez, felicidad, fuerza, alegría, brío, longevidad, virilidad y vida. Todos los sinónimos relacionados con la salud se congregan como parte de la ingesta del buen aceite de los olivos en tierras Baeculanas.

Seis meses después:

PROYECTOS REALIZADOS:

I.   Una granja de gallinas camperas y ecológicas. Servimos huevos a toda España incluidas las islas.

II.   Invernaderos de rosales con distintas variedades y colores. Servimos rosas a toda España incluidas las islas.

III.   Empresa dedicada al arrendamiento de olivares de pequeños y grandes tamaños. Donde el empresario se encarga de recoger la aceituna, podar, abonar, arar la tierra y cuidar la finca por un 75% de la producción. El dueño solo se encarga de poner la mano cuando se venda la cosecha en la cooperativa. Servimos aceitunas y aceite a toda España incluidas las islas.

IV.   Laboratorio de árboles frutales y de hortalizas. Son varias las parcelas que pusimos en marcha para ver las posibilidades de adaptación al terreno de la zona. Servimos conocimientos y analíticas del terreno a toda España incluidas las islas.

V.   Invernadero de frutos tropicales. La idea fue de una joven ingeniera agrónoma que cambió la ciudad por la vida sana del pueblo. De momento sus proyectos prometen. En breve dará beneficios.

VI.   Proyectos digitales. Este ingeniero de teleco se encarga de la difusión en las redes de todos los productos que consiguen las empresas.

VII.	Obras y reformas en general. Una constructora de un arquitecto local es la encargada de hacer las obras de todas las empresas del holding.

VIII.	Ella estudió bellas artes y puso una empresa de exposiciones virtuales de Arte Moderno. Venta directa e internet: Pinturas, esculturas...

IX.	Un avispado joven local instaló un supermercado virtual de venta online con todos los productos que las empresas locales generaban, todos derivados de la tierra: frutas, hortalizas, plantas florales... Ganadería: pollos, huevos, corderos, conejos. Piscifactoría: truchas, barbos, cangrejos de río y otros que se irán incorporando.

X.	Una joven que estudió turismo creó una empresa de oleoturismo donde se invita a los turistas a conocer olivos jóvenes y milenarios, interpretando los paisajes del lugar a su manera, descubriendo otro mundo, expresando sensaciones al ver el fruto en el árbol, aprenden a pasear y perderse entre olivares, en definitiva, ven la otra forma de vivir bajo el paraguas de una auténtica experiencia de vida rural.

XI.   El nieto de María la recta montó una quesería gourmet de la leche de cabra que le vendía el pastor local que poseía más de trescientas cabezas. Está siendo otro gran éxito local.

Para ir dando a conocer los proyectos ya en marcha y con el objetivo que los medios de comunicación pusieran en el mapa el pueblo se nos ocurrió la idea de hacer un Concurso Internacional de grafiteros y de artistas urbanos, en fachadas y postigos de las casas del pueblo, previamente seleccionados. Fue otra gran idea que salió de la mesa de lluvia de ideas.

Al final, con todas estas empresas hemos conseguido que más de doscientas personas se instalen en el pueblo y otro tanto de jóvenes locales hemos conseguido que no se vayan del lugar. Una idea con frutos por la lucha de la España vaciada, empezando por aquí.

El alcalde y su equipo crearon tres vías verdes para que los amantes de la naturaleza descubran al aire libre nuestros recónditos e inverosímiles lugares. Esa fue otra manera de fomentar el turismo rural.

Un día normal en casa, los cuatro tomando un café acompañado con la ya famosa torta de chicharrones en la terraza esperando la puesta de sol:

—Hay dos clases de gente: los que tienen y los tiesos. El que tiene mucho necesita más y el que no tiene, lo coge, lo pide o lo trabaja. Simple, pero real.

Ahora haré un poco de nostalgia que sé que os gustará oír porque me retroalimentaré del pasado:

—Recuerdo cuando los botellines de cerveza se acumulaban en la mesa del rincón del bar de Martín, el más famoso del pueblo. Era el día grande de la feria cuando los maridos ávidos de generosidad, invitaban a sus mujeres a calamares fritos, los más generosos pedían media ración de gambas. Después, a la verbena, había que bajar los excesos.

La próxima apertura será una auténtica revolución industrial:

—Pagar por lo que necesite del coche cuando lo necesite.

La movilidad eléctrica no despegará mientras no exista una red de carga rápida lo suficientemente cómoda y asequible.

Aquí nunca se darán contratos a dedo, ni nadie recibirá sobresueldos, ni obligaremos a nadie a hablar en el idioma que no sea el suyo propio, salvo que quieran aprender el nuestro. ¡Ah! Tampoco se contratará a personal afín, ni se darán pluses por objetivos. Contrataremos a las mejores ideas y recibirán los honorarios que les corresponda según ley.

—Beatriz comentó a la vez que exhalaba un suspiro:

—Te veo como una estrella en plena competición.

Capítulo 19

Nicolás y Norberto, se sentían muy unidos por la similitud que hubo en sus vidas de niñez y juventud, aunque con diferencias económicas importantes.

Yo, Nicolás, alias el repatriado decía con propiedad:

—Yo ni discuto, ni cuestiono, yo decido.

Norberto, el también repatriado, por el contrario, decía:

—He nacido para servir, no para ser servido.

—Eso es, piensas exactamente igual que yo. Nos viene de familia. La humildad es nuestra bandera nuestro ancestral estandarte que ondeamos con orgullo la mayoría de la familia.

Hubo un silencio consentido, después intervine diciendo:

—Recuerdo como mi corazón se encendió con una mirada suya, primo, porque sabía que era pecado, yo nunca le dije nada, solo la miraba contemplativamente.

—Pero, ¿de quién me estás hablando ahora?

—De la mujer que me cautivó con su mirada seductora y que me hipnotizó con su sonrisa hechizadora, hace ya muchos años.

—No me digas, pero ¿por qué ocurrió?

—Porque las cosas de la felicidad solo viven en el presente, nunca en el pasado y mucho menos en el futuro.

—Te hablo de sor Beatriz, la monja de mis sueños que descansa en mis aposentos.

—Pero ¿quién es sor Beatriz, hombre de Dios? —preguntó Norberto un tanto extrañado.

—Ella era una mujer de Dios con sangre y corazón de mujer humana. Le dije.

Acabábamos de pronunciar el nombre de la monja y sonó el —ding dong— del timbre de la puerta.

—El sonido del ding dong continuaba. Los dos esperábamos que abriera la puerta Eloísa. Yo continué filosofando con mi primo:

—Reconozco ser un altruista y por esa razón trabajaré desde aquí para intentar mejorar el medio ambiente, antes de que ocurra un desastre climático. Me declararé como un abanderado guerrero en la inminente batalla contra el cambio climático.

Beatriz, con cara de sueño, apareció en la habitación de los *filósofos* diciendo:

—Tu filantropía te avala como lo que eres: una buena persona. Pero ¿qué va a ser de Eloísa y de nuestro desayuno si no abrís la puerta?

—No habíamos oído con la conversación, perdona ¿te importaría abrir a ti? —le replique con astucia vaga que todo ser masculino llevamos dentro.

—Claro que no, vosotros seguid ahí tranquilitos —replicó la monja, haciendo referencia al pack que formaban Nicolás y Norberto.

Norberto sabía que Beatriz vivía desde el inicio de la pandemia conmigo, ignoraba que esta fuese monja y por esa curiosidad me preguntó:

—¿Te importaría explicarme ahora por qué te liaste con una monja?

Yo no tuve más remedio que explicar lo ocurrido y le comenté:

—Lo ocurrido forma parte de la vida real —le comenté a Norberto que me miraba expectante:

—Un día inesperado en la parroquia, ella me miraba con fascinación lujuriosa, algo impropio para una princesa de Dios. Aquellos continuos miramientos despertaron y agitaron mis años enamoradizos.

—Nuestro primer encuentro fue una auténtica llamada del amor. Donde los dos nos preguntamos cómo conciliar lo mejor y lo peor de lo sucedido. Recuerdo que ella con la mirada puesta en el cielo me dijo:

—Quien practica el pecado es esclavo del pecado.

Yo le respondí sobre la marcha de forma impulsiva:

—¿Eso quiere decir que continuaremos pecando? —ella me miró con carita de satisfacción y me explicó:

—Lo que he aprendido como mujer pecadora de Dios, me servirá en la nueva sociedad. Mi amor por ti es sincero. Acabo de colgar los hábitos, he dejado la iglesia porque el amor por estar junto a ti era y es mayor — continuó diciéndome:

—Durante mucho tiempo he pensado mucho en lo ocurrido, echaba de menos lo acontecido y me preguntaba como ocurriría.

Ahora déjame decirte que después de una larga vida entre mis amores, tomé una decisión muy difícil por lo que sucedió en aquella misteriosa habitación de hotel. Decidí no volver a estar con Beatriz, ni siquiera a intentar verla. Lo pasado, los dos, decidimos dejarlo en el pasado.

Te diré una de las muchas frases educadoras de don Eufrasio:

—*El amor es potencialmente el elemento más mortífero que jamás se ha diseñado.*

—Y ella, ¿cómo se lo tomó? —preguntó Norberto un tanto intrigado. A lo que yo le contesté...

—No te preocupes, le dije mientras descansaba su cabeza sobre mi regazo. Tengo dos listas de amigos: los fieles y los enemigos. Lo que piensen o digan unos u otros no mermarán el momento de lo sabroso que hemos vivido. Tenía ganas de verte y de tenerte. Los que tuvimos la suerte de nacer en el alto Guadalquivir estábamos curtidos por el duro trabajo. De pronto me vino una nueva frase de don Eufrasio:

—*Hagas lo que hagas en tu vida, hazlo bien.*

Ella me respondió:

—Yo como antigua princesa de Dios y mujer fraternal te diré que todos los hombres y mujeres de nuestra tierra andaluza somos gente dura, seres supervivientes. Lo que no quita que me autodefina como una convencida de que Dios nos creó con fortalezas y debilidades.

Le apreté su hombro con fuerza cariñosa y le dije:

—Debemos afrontar la realidad de lo ocurrido. Con la ayuda de Dios lo conseguiremos. Él acalló al permitir lo ocurrido, nuestros deseos, y ahora debemos afrontar la realidad. —Los dos estamos casados—.

Así pasó todo primo.

Norberto se quedó tranquilo y confortable con mis explicaciones. Aun así pregunto:

—Y tu mujer, ¿se enteró de lo vuestro?

—Ella siempre imaginó que en mi mente habitaba otra mujer y hace unos años se enteró que era Beatriz.

—Damiana ha sido despiadada y ambiciosa para conseguir hacer una millonaria fortuna, era su objetivo número uno.

Al poco se presentó Eloísa para decirnos:

—El desayuno está en la mesa. Hoy tenemos sorpresa para desayunar.

Otro día seguiremos Primo. Lo primero es lo primero.

—Pero si ella está casada, ¿dónde está el marido? —insistió Norberto que continuaba intrigado por mis líos amorosos.

—Él murió, era un buen tipo, además lo tuve como secretario durante un tiempo. Al poco de casarse se metió en la administración como traductor de idiomas.

—¡Madre mía que novelón! —indicó Norberto impresionado por mi aventurilla con la monja.

Capítulo 20

Los independentistas quieren lo que España no les puede dar, ni tampoco aceptan lo que España llega a ofrecer.

Pese a todo, los radicales van amasando demasiado poder y quedándose al cargo de solucionar la crisis. No lo harán porque su objetivo prioritario es la ruptura con España. Y mientras esto ocurre, España mira para otro lado por un puñado de votos. Alguien se ha preguntado:

—¿A quién le puede interesar la violencia de terrorismo callejero en Cataluña?

—Es evidente, el que paga es porque busca unos sustanciosos beneficios. Existen unos influencers de la violencia muy bien pagados por alguien con el poder económico acomodado.

Estas acciones generan un retrato de la España cabreada cada vez más grande.

Gente especializada en aupar a adolescentes y jóvenes ignorantes a la guerra callejera a través de las redes sociales.

Las consecuencias de los violentos enfrentamientos, aupados y consentidos por los gobiernos: autonómico y nacional lo están pagando carísimo los comerciantes, bancos, bares y restaurantes. Para muchos es un simple *baladí* pero para una mayoría pide que esta situación deba acabar cuanto antes mejor. Y lo que es peor aún:

—Hay demasiados robos, sobre todo a las persona más vulnerables, nuestros mayores. La preocupación de los empresarios por el perfil catalanista del gobierno de la comunidad es muy alta, muchos se han ido y otros muchos se irán o simplemente desaparecerán.

—Hagas lo que hagas el destino siempre sabe qué hacer con tu sino —comentó Norberto un tanto desmotivado por lo que estaba ocurriendo en Cataluña.

Era lógico porque ambos seguíamos teniendo allí a nuestros familiares y amigos. En ese mismo instante me vino una frase de don Eufrasio:

—*La lealtad es importante, la humildad tal vez un poco más, pero nada tiene que ver con la honestidad.*

Inmediatamente le comenté un tanto irascible:

—Es hora de acabar con la política del fanatismo radical y extremo. Estas malas artes y acciones barriobajeras finalizarán con la convivencia moderada de España. Necesitamos un centro real que obligue a aunar esfuerzos de los extremistas, una mano tendida a la derecha y otra a la izquierda. Es hora de acabar con el bipartidismo extremo, es el momento de acabar con los *hijoeputas* de la derecha y con los *cabroncetes* de la izquierda, o viceversa porque todos necesitamos de todos.

Yo, Norberto un recién repatriado, les diría a todos los políticos sin excepción:

—Recordar que ante todo, somos personas humanas que estamos aquí de paso y que aquí no se quedará nadie. Hagamos de la convivencia un baluarte común, ¡déjense de hostigamientos a los más enclenques por su juventud! Y por supuesto no hagan demagogia porque hay muchas mentes confusas por tantos improperios entre ustedes.

—Yo desde aquí pido a la gente que no siente, ni quiere la independencia, que deje de sentirse un hámster dentro de la rueda manipuladora por la soberanía dictatorial de unos cuantos vividores. Salgan a la calle y acaben con los —*amasa fortunas de ingentes cantidades de dinero*—, dinero que salió del heraldo público, es decir, del de todos los contribuyentes, nacionales y regionales. A continuación, continué diciéndole a mi primo:

—Lo acabo de leer en la editorial habitual. Se veía venir, el expresidente catalán rompió su silencio:

—Estoy preparado para entrar en la cárcel, no para la vergüenza pública.

Este es el mismo que para ganar votos dijo un día:

—España nos roba— o —los andaluces son unos vagos— el mismo que ocultó el dinero robado en Andorra, y en paraísos fiscales de medio mundo, el mismo que junto a su familia será juzgado por una asociación ilícita dedicada a la corrupción política.

Menudos sinvergüenzas, y pensar que tipos como este son el espejo de los dirigentes de ahora... Ver para creer.

—Qué casualidad, estaba acabando este capítulo, cuando leí en un diario nacional que un grupo de ladrones desconocidos, había robado un furgón con ordenadores y móviles de la familia en cuestión. Sigo sorprendido por la noticia y continué leyendo:

—El asalto al vehículo que transportaba los efectos personales en poder de la Audiencia Nacional a Barcelona se produjo en noviembre de 2020 y un juzgado de Madrid investiga los hechos. Ocurrió hace un año y nos enteramos hoy. Yo personalmente, que a mis años creo poco en las casualidades, pienso que esto estaba orquestado por alguien poderoso.

A toda esta gentuza le diría una frase histórica de don Eufrasio:

—*El arte de dirigir consiste en saber cuándo hay que abandonar la batuta para no molestar a la orquesta.*

Capítulo 21

Vaticino que después de la pandemia vendrá una época de crecimiento económico vertiginoso, unido a un alto desenfreno sexual y de un derroche económico en bares, restaurantes y en consumo en general.

Pasarán dos o tres años antes de entrar en el periodo de pospandemia, o tal vez sea antes, no lo sé, ni creo que nadie lo sepa con exactitud.

Beatriz utilizó su mirada embriagadora fijando sus ojazos en el entrecejo de Nicolás para decirle mientras se tocaba insinuantemente sus caderas:

—Con 6 kilos de más, me veo mejor que nunca, Nicolás. ¿O no? Amor mío.

—Sí, es cierto, estás más guapa. La pandemia nos ha hecho u obligado a todos ser más religiosos, ahorrativos, caseros y a mejorar el riesgo. Pero si hay algo que la gente en general hemos echado de menos es la interacción social. La gente necesitamos de la gente.

—El amor en pareja es algo más que sexo —le repliqué a Beatriz sin saber a cuento de qué. Tal vez porque a ciertas edades solo se piensa en hechos sexuales y poco o nada en los hechos reales. Aunque siempre nos quedará en el recuerdo esos momentos altivos de gloria.

Ella seguía en su postura habladora y sacó de su chistera particular esta frase:

—La mala suerte jamás abolirá el juego, ni de coña. Por consiguiente, hay que seguir intentándolo hasta que llegue el "golpe de suerte".

Dejé el libro sobre la mesa, la miré con cara alegre y le dije:

—Este es un sueño a medias, porque me hubiera gustado que Damiana nos hubiera acompañado en la búsqueda del momentazo. Guardo en mi recuerdo más ponderado aquel día que compartí lecho entre mis dos amores, pero ella huyó por despecho de nosotros.

—Entonces, ¿tú deseas el reencuentro con Damiana? —preguntó Beatriz con tono de enfado subido.

—Sí, lo deseo, pero para convivir los tres juntitos —le contesté, mitad en broma, mitad en serio.

Tras quitarse la mascarilla y dirigirse a mí, no pudo evitar que sus lágrimas brotaran de sus ojos.

Yo me acerqué con un pañuelo y la abracé. La emoción me hizo un nudo en el estómago, pero como si de un torero se tratara, agarré el toro por los cuernos y le dije:

—Yo no lo planeé así, surgió de aquella manera. Ahora deseo que Damiana vuelva a formar parte de mi vida y de la tuya. Podíamos empezar de nuevo, sin más explicaciones.

—No, ya es tarde para coger ese tren —comentó enfadada la princesa de Dios.

La miré con tristeza por no entender su postura egoísta, ella, una mujer que en su base de convivencia le enseñaron a querer y amar a todos por igual. Le dije sin la menor vacilación:

—Siempre me he movido por sentimientos esperanzadores que divisaban luz y alegría. Acabo de notar en tu comportamiento que mi sentir es contradictorio al tuyo. Lo siento. Siempre hay algo que empaña la nitidez de la total felicidad.

Beatriz que de sentimientos sabía lo suyo y lo mío, me miró como una felina en celo para reprochar mi actitud:

—Será por la edad pero ya no tengo tanto deseo por el sexo como antes, ¿debería preocuparme por ello?

Yo le respondí:

—Hay dos factores determinantes para la pérdida del deseo sexual:

Uno: el puro y duro de la edad, con los años se va mermando a velocidades diferentes dependiendo del individuo o de la individua.

Dos: El psicológico, ese es el peor de los dos. Ahí debes encontrar el origen del problema y con la edad no te acordarás cuando empezó.

—Volvamos al punto de partida. Hubo un tiempo que no me hubiera ido sin ti pero, después de lo que me has propuesto... —replicó Beatriz con cara de miedo a perder lo que nunca fue suyo. El compromiso de convivencia total conmigo. Te diré:

—No Nicolás, nunca es tarde para empezar de cero, pero solos tú y yo.

—Beatriz, Beatriz yo creo en la nobleza de la mujer de allí, mi Damiana y en la de aquí, tú, mi Beatriz, ambas sois dos personas con un corazón enorme. No seas tan recatada mujer, esa postura siempre es atribuible a la mujer retrógrada y tú eres muy vanguardista. Quiero estar contigo y con ella, os deseo tanto a las dos.

Cuando decidí salir de aquí, sabía que iniciaba un viaje a ninguna parte. Cuando subí al tren, pensé:

—Que el destino decida por mí.

Pero cuando me bajé de aquel viejo compartimento, deduje donde estaría mi sino.

Beatriz no me miraba y pienso que ni me escuchaba. Tenía la sensación de que la conversación no iba por el camino deseado, se estaba apartando del objetivo y reaccioné atacando de nuevo:

—¿Qué dirían en el pueblo si supieran o simplemente sospecharan de lo ocurrido la noche de mi cumpleaños en nuestra alcoba?

—Decir dirían mucho, pero desear vivir y sentir lo que nosotros vivimos, sentimos y disfrutamos, todos querrían compartir una experiencia llena de fantasía y del mismo nivel que alcanzamos aquella inolvidable noche — comentó Beatriz sin tapujos ni vergüenzas.

—¿Entonces a que vienen tantas negativas? —pregunté sin dejar de mirarla.

—Hay heridas de pareja imposibles de cicatrizar. Lo tuyo con Damiana ha sido muy fuerte. Yo por el contrario simplemente aspiro a tener una vida discreta y alejada de los focos.

Yo la volví a mirar con ojos de tristeza y le pregunté:

—¿Por qué el amor da tanto dolor? —ella sin pensarlo contestó:

—Porqué el nuestro es verdadero y satisfactorio.

—La comida está servida —dijo al entrar Eloísa sin perder su característica sonrisa.

—¡Uy!, que me olvido el sujetador... —suspiró la exmonja dándole un uy picante a la escena del inicio de su desnudo interior.

Eloísa devoró con su mirada a Beatriz por sus palabritas mansas de tono pero aguerridas por su significado. Tenía sentido porque Eloísa se convirtió en una tentación para mí, pese a mi edad avanzada. Sin embargo, yo siempre la vi como la fruta prohibida del árbol vetado.

Pese a tener el compromiso verbal con Beatriz del yo por ti y tú por mí. Ella desconfiaba de mí porque sin querer o queriendo a veces distraía mi ojeada al pronunciado escote de la joven. Estaba convencido de que Eloísa bebía los vientos por mí.

Ella cambió la escena porque para Beatriz, Eloísa, era mucho más que una mujer joven, era su envidiado y deseado cuerpo, veía en Eloísa una rival de alto copete. Sus muchas capacidades y características como persona, pasaban desapercibida. Me pillaba siempre cuando por un casual miraba con discreción el generoso escote que lucía la joven empleada, se mosqueaba en exceso. Veía competencia donde no la había, solo ejercía de hombre, por ser abstraído por el magnetismo del deseo que la joven radiaba. Era una atracción impulsiva e incontrolable del género masculino, para los hombres es algo inevitable, nacemos con ese "defecto". Es simplemente el fruto congénito del ser humano, algo que viene del más allá por el deseo y la estética.

Así pasamos la cuarentena y parte de la vida fea que por motivos ajenos a nuestras voluntades hemos vivido y seguiremos viviendo porque todo cuanto nos ocurra forma parte de la propia vida y por esa simple y llana razón hay que aceptarlo, sí o sí.

Don Eufrasio decía un refrán proverbial:

—*Si tiras una piedra a un huevo, el huevo se rompe y si tiras la piedra al huevo se sigue rompiendo el huevo. Hay batallas que nunca debes iniciar.*

También decía este otro:

—*El dueño del dinero maneja las vidas de los demás.*

Déjame que te cuente algo:

—El día que me subí al tren se despertaron todos mis sueños a la vez, los mismos que sabía que serían imposibles de realizar, me creí por momentos capaz de comerme el mundo y cuando me bajé en aquella enorme estación de ferrocarril pensé que no sería así.

—Me salvó o ayudó a cumplir mis sueños mi obsesión por las mujeres de más edad —le contaba a mi primo mis vivencias y deseos un tanto avergonzados por desvelar interioridades que creía eran ajenas a los demás. Aun así continué:

—Me gustan mucho más las maduras, no hay color. Mi reino por una relación con una mujer asentada que habla con sensatez y segura de sí misma. Así era la señora Rosi, una mujer de verdad en todos los aspectos.

—Éramos una pareja consolidada, ella era mucho mayor que yo pero me enseñó todo lo que hoy sé o tenía que conocer de la vida. Fuimos una pareja sensata y algo desenfadada, en ocasiones alegre y en otras poco seria. Yo le devolví su juventud y ella me lo agradeció nombrándome heredero universal con toda su herencia. Lo nuestro fue una demostración de que el amor es impredecible, compartimos inquietudes y eso nos facilitó la convivencia y la comunicación, y por lo tanto, la viabilidad de la pareja. Rosi era una mujer total en todos los aspectos de la vida.

— ¿Y tú que me cuentas al respecto? —le dije a Norberto de forma desenfadada.

—Yo soy muy conservador en ese aspecto, mis relaciones sexuales siempre las mantuvimos entre las cuatro paredes del dormitorio — comentó Norberto con timidez. A lo que yo le contesté sin tapujos:

—Ni te imaginas la de posibilidades que tiene la innovación de disfrutar del sexo fuera de la cama.

—Si pero ¿dónde primo? —preguntó Norberto un tanto alterado.

Yo le miré con la cara del descubridor que fui, y le dije sin tapujos:

—En la encimera de la cocina, en la ducha, en un rincón del salón, encima de la lavadora, frente a un espejo o, incluso en las escaleras... es cuestión de aprovechar el momento. Aquí te pillo, aquí te mato. Lo más excitante está en hacerlo diferente.

Mientras hablábamos del pasado vivido o fantaseado en el fondo se oía una sinfonía continua de cotorras, grillos y otros animales de pico corto.

Norberto que no estaba a gusto con la conversación cambió diciendo:

—Éramos un puñado de jóvenes, hombres y mujeres que salimos con la bandera de la humildad, los mismos que volvíamos a vernos en los bares cada agosto como si se tratara de nuestra sala de estar. Hoy, en esos mismos bares y en otros nuevos, hay hasta televisión.

—Lo que me lleva a la conclusión de que no hay diferencias entre los nacionalistas catalanes y los paisanos, los dos utilizan el mismo método porque todos estamos enamorados de nuestra tierra. Lo que necesitamos los de aquí y los de allí es respeto por los demás y ambos deberíamos recordar que nadie es superior a nadie por el hecho de haber nacido aquí o allí. Pese a todo lo dicho os diré:

—La gente estirada de allí y de aquí, siempre nos verán como unos emigrantes repatriados.

Una historia nos hace plantearnos si los únicos sanos somos los que sabemos que esta sociedad nuestra está enferma.

Capítulo 22

Hoy la prensa dice que un matrimonio norteamericano se contagió con Covid-19 en enero de 2020, mucho antes de que el virus azotara a Wuhan.

Al parecer, es cierto que el Covid-19 circuló por EEUU mucho antes del primer caso oficial. Esto lo saben después de enterrar a 600.000 muertos en su país.

Al día siguiente de la noticia (17-06-2021) los chinos ponen el foco en EEUU y aseguran que ahora toca investigar el origen del coronavirus allí.

La rivalidad del mundo con China es total.

Los chinos acusan a Estados Unidos de "delirio paranoico".

Los políticos americanos no conciben cómo después del despilfarro de dólares en investigación científica e innovación tecnológica, los chinos se adelantaran con la tecnología 5G. La guerra por reinar el siglo XXI comenzó con el descubrimiento del 5G y la nanotecnología, y por primera vez en muchos años los americanos no están en la cabeza de salida.

La guerra de los intereses por las importaciones entre China y EEUU se inició por la innovación tecnológica:

—Comenzó con la presentación del 5G y los americanos sabían de su potencial.

—China o Estados Unidos tienen la obligación de contarle al mundo lo que sucedió realmente con el virus que tiene al mundo de los vivos cohibidos y cabreados por los muertos.

Adiós al 2021, un año lleno de alarmismo apocalíptico por sus augurios y realidades desde el inicio: la gran nevada, apagón, desabastecimiento, vacío de tiendas, alerta informativa, subida de la luz y gas, todo eso unido a la realidad del volcán.

Mucha gente se aburre y se desconecta de la situación y entra en la apatía total. Si eres uno de esos seres apáticos te diré en voz alta:

—Deja de joder a la gente y vive.

—Yo no sé mucho de casi nada por eso aprendo de todo y de todos. Si me lo permitís, hoy puedo decir:

— ¡Por fin volveré a leer el periódico en el bar! Recuperaré mi binomio rutinario, ver el atardecer en la terraza y con un aromático café y por supuesto una torta de chicharrones.

—Prensa en versión papel y café en el bar. Adiós al diario digital. Lo que es, es —dijo Norberto.

La normalidad era tan deseada en el mundo que la gente disfruta volviendo a ver las caras enteras de sus familiares, amigos, conocidos y por qué no, desconocidos y gente en general.

Las caras sin mascarillas que nos oculte la mitad del gesto, alegre o menos gozoso nos hará bien a todos.

Después de tantas aserciones y apostasías, dos años más tarde los expertos vuelven a Wuhan en busca de la primera sangre del covid.

A finales de diciembre de 2019 las autoridades chinas definieron la enfermedad como una extraña neumonía viral.

Dos años más tarde: diciembre del 2021 a la nueva variante del Covid-19 se suman posibles nuevas restricciones en EE.UU. por culpa de las interferencias con las nuevas redes de telefonía. El ya famoso 5G empieza a dar la cara. El mundo empieza a temblar por una sobrepasada tecnología.

Mientras todo esto ocurre los gobiernos tratan a los ciudadanos como idiotas en todos los temas de vanguardia informática.

Al día siguiente. Dos años después a la misma hora y en el mismo bar, tomaba café y leía la portada del diario local:

—Cuando todo parecía haber acabado con la variante Ómicron aparece en Israel la nueva y mortal variante flurona los síntomas son infección de gripe y Covid-19 a la vez. Es verdad que la mujer estaba sin vacunar de los dos virus. Este dato nos tranquiliza.

Hay quien asegura que el Covid-19 se ha acabado, lo de ahora es una cosa distinta. Los asintomáticos tienen el virus pero no el Covid-19. Nuestro cerebro ya no sabe dónde meter tanta información, ¿es de locos esta locura? La respuesta es: —Sí—.

Y continué leyendo en la página internacional:

—China se ha despertado esta mañana con un escalofrío, después de que sus autoridades sanitarias **hayan confirmado el primer contagio en un ser humano** de la variante H10N3 del virus de la gripe aviar. Se trata del primer caso registrado a nivel mundial hasta la fecha.

—Por favor, chinos que habitáis en China:

— ¡Queréis dejarme en paz! Quisiera morir de forma natural, por edad avanzada, en mi casa y en mi cama, en mi pueblo sin alarmarme con vuestros dichosos bichitos.

Hoy, al abrir la ventana, el silencio que produjo las palabras de los dichosos chinos nos obligó a oír el vuelo y cántico de los pájaros. Yo que siempre supe valorar el silencio, hoy lo valoro un poco más. Los cánticos y arrullos de gorriones y palomas, cotorras, mirlos, petirrojos, carboneros y reyezuelos y como no, el canto del colibrí. También urracas, palomas, tórtolas. Hemos vuelto a oír el canto de los pájaros en silencio.

Cuando la vacunación contra el coronavirus sea cosa de todos y para todos, la sociedad podrá brindar de nuevo sin sorpresas ni malos augurios. De lo contrario, volveremos a infectarnos todos con alguna variante nueva que la harán incontrolable y destructiva.

¡Ah! Quería dejar constancia escrita para los anales de la historia que el 23 de julio de 2021 dieron comienzo Los juegos de la pandemia en Japón. Los primeros juegos que se celebrarán sin público.

Lo que ha ocurrido, o está ocurriendo, no tiene nada que ver con lo que nos queda por pasar —decidí darles esta arenga de *ánimo* por todo y por todos.

Norberto que sabía cómo templar los ánimos nos dijo:

—En algún momento de nuestras vidas todos nosotros nos hemos preguntado, o al menos hemos oído, a alguien preguntar o afirmar:

—El fin del mundo llegará en breve, esto es un preludio.

Eloísa que pese a su juventud era una persona versada y muy inteligente dijo:

—Mi teoría sobre el final y el principio de todo depende del Sol, el mismo que durante tantos años nos dio la vida, será el responsable de quitárnosla. La pregunta es ¿cuándo ocurrirá? Y vaticinó:

Así acabará todo:

—La Tierra quedará destruida por las altas temperaturas del Astro Rey. Sólo unos pocos humanos podrán sobrevivir en el nuevo mundo.

Yo como un humilde repatriado más, no me quedó más remedio que dar gracias al sabio don Destino por sacarme de aquí en su momento y llevarme hasta allí, donde me sentí como EL SIMPATRIA y unos años después como EL APÁTRIDA.

Y muchísimos años después doy gracias de nuevo a don Destino porque me repatrió bajo el marchamo de EL REPATRIADO. Aquí somos pocos pero inteligentes, sabemos vivir la vida, nos conformamos con lo que ésta nos da, exigimos mucho para nuestra tierra porque damos más de lo que pedimos.

Yo solo os diré que intuyo que con la muerte me llegará la gratitud de toda una vida. Por esa razón os diré a modo de recomendación para ir terminando esta interesante trilogía, mis recordatorios o reflexiones:

1.   Recordad que salvo el lugar donde naciste y viviste tu niñez y juventud, el resto del mundo es todo igual para ti.

2.   Recordad que no somos más que unos diminutos seres en un mundo muy grande.

3.   Recordad que el sexo aunque no sea todo si es mucho.

4.   Recordad a todos con mi adiós, nos veremos en el otro lado.

5.   Recordad que la pandemia no se acabará hasta que no sea abordada de forma global por los países que lideran la humanidad.

6.   Recordad que no tenéis que creer nada de un país totalitario como China, allí puede desaparecer cualquiera o aparecer de nuevo otra pandemia si cabe más letal que la Covid-19.

7.   Recordad que existen en el mundo siete poderes ocultos que nos manejan a su antojo.

8.   Recordad que el culpable del catalanismo de hoy es la España de la política de años anteriores.

Era principios del 2022. Los siete poderosos se volvieron a reunir de urgencia, por la llamada del representante de los poderosos laboratorios. Una vez acomodados en el lugar y mesa de anteriores reuniones, comentó al grupo sin vacilar:

—Con lo que hemos puesto en marcha en todo el mundo, haremos que las personas mayores o con alguna dolencia, pasen la enfermedad de forma leve con una nueva variante que será de fácil trasmisión, de tal manera que inundará al mundo entero en pocos días o meses como mucho. Alcanzará una cifra récord de muertes. Según mi sistema informático de estadísticas, calculo que más de la mitad de la humanidad morirá si han cogido el virus letal. Hasta entonces no podremos decir que el objetivo está cumplido. En realidad, lo que le estamos metiendo en los cuerpos no es un virus benévolo como dicen los virólogos, médicos, gente mediática y políticos en general, sino un virus nocivo que aparecerá cuando la gente y la medicina se relajen. Y así, con esta forma metodológica acabará con todo aquel que haya padecido la enfermedad en un corto plazo de dos tres años a lo sumo.

El representante militar del grupo se levantó y dijo:

—Señores, estoy impresionado por la cantidad de muertes que han conseguido hasta ahora sin pegar un solo tiro. Sus métodos me han convencido.

Tomó la palabra el representante del país más poderoso del mundo sin levantarse del cómodo sillón:

—Señores no nos queda más remedio que felicitar al laboratorio que ha sido capaz de desarrollar semejante arma letal. El mundo volverá a ser lo que era. Habrá trabajo para todos los jóvenes y los pocos mayores que quedemos seremos los consejeros de la población mundial.

—¡Así se hace señores! —comentó el responsable de los avances en la electrónica mundial.

—Gracias a todos por vuestra severa discreción —comentó el poderoso financiero.

—Rezaré por todas las almas caídas — respondió el representante religioso.

El séptimo representante, cabizbajo, se escondió bajo el manto del silencio.

¡Ojo! Crees que acabas de llegar al final de esta historia, te advierto que para que tenga sentido EL REPATRIADO, debes leer el primer libro de la trilogía EMIGRANTES: EL SIMPATRIA y por supuesto el segundo, EL APÁTRIDA.

Gracias por haber leído hasta el final. Ha sido un honor escribir para personas como tú, EMIGRANTE o descendiente de emigrantes.

— ¡Ah! Una afirmación más:

—En Santo Tomé existen unos bellos parajes y unos fantásticos y maravillosos atardeceres que nadie se debería perder. Pásalo.

—¡Ah! Otra afirmación:

—Los 7 salvadores del mundo siguen ahí, maquinando cómo introducir un virus más contagioso y letal que los que nos tiene atemorizados. Ante esa amenaza yo les invito plantarles cara:

—Salgan con precaucion y diviértanse, antes de que estas malas personas se salgan con la suya. ¡Ánimo amigos!

Salí, aprendí, triunfé y volví, esa ha sido mi vida, la misma que ha merecido la pena vivirla.

Cada uno es diferente a cada cual. Cierro esta trilogía diciendo que ni los andaluces somos mejores que los catalanes, ni los catalanes mejores que los andaluces.

Recuerden que todo lo ocurrido con el coronavirus fue por el descubrimiento de la alta tecnología del 5G.

La guerra tecnológica acaba de empezar.

EL REPATRIADO

Esteban Molina Vela